33

FOTO**TORST**

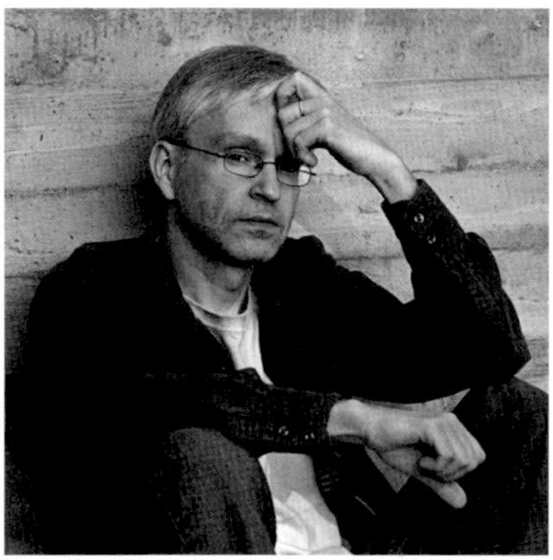

PETR VAŇOUS

Ivan **Pinkava**

TORST

ISBN 978-80-7215-381-7

Prefigurations

This world of ours is organized in such a manner, that everywhere around me I find every reason for hopelessness, see death as turning into nothing, a woeful word, the key to the incomprehensible existence into which I was incomprehensibly cast.
(Gabriel Marcel, *Présence et immortalité*, 1959)

To say that the photographer Ivan Pinkava (born 1961) expresses himself by means of the classic pictorial repertoire of black-and-white photography – figures and still lifes – is imprecise. Rather, the figure and the still life come together in a special unity in his work, which can properly be interpreted only with a unified view of the artist's perception of the world and of the individual's role in that world. The human figure enters Pinkava's photos as a living organism, as a material artifact that occupies space. It gives space a measure and, thus, meaning. What measure and what meaning? The answer to that is not straightforward. What probably is straightforward, however, is the emphasis on the role of time in this recurring process.

Pinkava's photographs, often called Symbolist or Decadent,[1] are not primarily concerned with the surface of reality. The essential thing here is the relations amongst the selected elements and also with the chosen frame of any one photograph, and also with the change and variation in the individual photographs of a set. Small, inconspicuous variations of motifs against the background of a darkened frame suggest repetition, and provide greater detail and therefore a thorough exploration of the territory. That's also why one can legitimately talk about mannerism in Pinkava's work.[2]

If we consider Pinkava's works linearly, as a journey, we begin to notice a remarkable feature. The dominant, self-centered, visually fully exposed human figure of the earlier works changes in the later photos. The figure becomes episodic or else gradually vanishes. All that remains is various imprints in space, traces of memory. If we choose to read his works nonlinearly, which is probably more suitable, we learn that the center of Pinkava's thinking, around which his imagination and selected iconography revolve in various rings, is completely immobile. It is somehow an imaginary fixed point in the universe, a peg around which his probes into human transience turn. The questions raised here concern the continuously confirmed mortality of Man and the hope to surmount it, that is to say, faith in immortality. In terms of expression, the photographs are quite similar to forms of theater.[3]

For Pinkava, the breaking point, the thing that triggers our attention, the crossing of the boundary, is the act of death, that unavoidable experience in the course of a human life, which one cannot buy one's way out of or even put out of one's consciousness. It is the end of a linear section of time, after which comes darkness and unconsciousness. Moments of confrontation with death appear at various intervals and in various intensities in the course of one's life, from childhood, through the productive years, to old age. They are formed by direct experiences and moments in situations, which as "prefigurations" are imprinted into our dreams or our otherwise altered consciousness. Birth as the beginning, the starting point, also refers to some sort of finality. The *leitmotif* of Pinkava's work seems to be the axis of human beings' realizing their own transience and their search for a way to reconcile themselves to this fact. In this connection, Gabriel Marcel talks about the "axis of spiritual activity," which, in thinking, articulates freedom and mercy.[4] Hence also Pinkava's ambivalent theme of the young man as the bearer of renewed vitality, but also as a one-off example of life's temporary perfection, which over time is necessarily subject to destruction.

Portraits, dynasties, families

> *Is it death, which keeps man from idleness?"* (Vladimír Holan)
>
> *"This transporting power of flame increases in proportion to the depth and extent of the surrounding darkness."* (Aldous Huxley, *Heaven and Hell*, 1956)

The earliest Pinkava photographs, from the mid-1980s, are imaginary portraits of novelists, poets, and philosophers. The photographer's inward kinship and sympathies played a role in his choice of the pantheon of "immortals," who file past as if from portrait galleries of the aristocracy. Since these aristocratic galleries were usually family galleries, is Pinkava's then an imaginary family to which belong, for example, Gertrude Stein, Ladislav Klíma, Sylvia Plath, Antonin

Artaud, Fyodor Dostoyevsky, and Friedrich Nietzsche? The half-length portraits are unified by the motif of closed eyes, and therein lies the genealogical, family relationship. They are dead yet alive. They live through a legacy. They remain in ideas. Pinkava searches for their form in living models by way of expression, gesture, costume, and hairstyle. The silhouettes of the figures stand out against the background of a special, unreal world. Light shines forth from somewhere inside. They are and they are not dead.

In the course of the 1990s Pinkava made another portrait gallery. This time he was working with living artists – fiction writers, poets, painters, and print-makers. There is a greater diversity of personalities, and greater accent in terms of expression. The print-maker Michal Cihlář, for example, seems here to have almost been reincarnated as an older magician of print-making, the occultist Josef Váchal. In the photo of the conceptual artist Václav Stratil we discover a compositional model from Modern Czech painting, a work by Jan Zrzavý.[5]

For Pinkava, a powerful stimulus to the imagination (that is, thinking in images) is, naturally, art history. With his predilection for shifting and exchanging the customary linking of form and content at the level of iconography and iconology, he revises and updates historical models.[6] He also exhibits that special artistic sensibility which stylizes and objectifies the emotions, the fruit of an excited consciousness. Thus amongst the photos from 1995 is the figure of a young man wounding himself with a knife (*With His Own Knife*). Against the background of an ornamental carpet he is showing his wounds. But there is an obvious contradiction here. Does the surface of his body really reveal inner scars (stigmata), or does it only multiply and underscore the youth's self-centerdness?[7] The model has Zrzavý's features. In the portrait *Gilles*, loosely modeled on Watteau's painting of the same name from about 1718–19, we find the dark side of the picturesque, rollicking, erotic, Rococo. The head of the disgraced, worn-out little boy, not shorn, but plucked, with protruding ears, looks into the lens with half-closed eyes. It is a head set halfway between its clown's costume and darkness, with the look of someone no one wants, rejected by all.

Inspiration from the fine arts together with an intentional shift away from them creates the distinctive motif of transfers in time and space. In his work Pinkava revives well-tested theme-prototypes and puts them into a newly made living art, thereby confirming their immortality. A key work in this respect is the photograph *Ecco, la Luce!* (1996), in which there is even a triple transfer of a figure composition as the photographer's paraphrase of an original idea. First there was *Saint John the Baptist* by Leonardo da Vinci, then *Saint John the Baptist* by Jan Zrzavý, and then, ultimately, Pinkava's androgynous figure (a hairless female model) with the same gesture of the hand pointing upward to the symbolic light, figuratively to God.[8]

The topic of the family and family relations is given an unusually large amount of space in Pinkava's works.[9] From the *Dynasty* series (1990–91), including men and women of a fictitious relationship, mythical yet real siblings (*Castor & Pollux* and *Sára and Her Brother Tobiáš*), allegorical twins (*Tomáš and David Medek*), and hints at a mystical interpretation of family, which again raise many questions (as in *Pietà*). The viewer must again ask why there is divine injustice the leaves one brother immortal and the other mortal (*Castor & Pollux*). Each of them is masked in Pinkava's portrait, thus of similar appearance, yet of different fate. Why is the traditional diptych of Christian art (*Adam and Eve*) in Pinkava's work made of such de-idealized individuals, where the living matter of naked corporeality shines with grease and dirt after their sin, manifesting the evident traces of mortality (the drooping breasts of Eve, the scar on Adam's abdomen)? Why make a *Pietà* with an intertwined couple of people roughly the same age? Does the crossing of their limbs really form the Chi-Rho? How can a satyr and Venus – *Satyr and Venus (Brother and Sister)*, 1996 – be siblings? Does that not, after all, smack of blasphemy? Here, paradoxically, Pinkava mainly opens up the subject of purity and immaculateness, at the level of thematic counterpoising. Corporeality and nakedness are seen through a gradual transformation over time (*Little Charon*, 1996, and *Adult Charon*, 1997). "I'm interested in purity or, better said, the attempt at it [...], the purity that can be attained. That's never possible without getting dirty [...] Beautiful, perfect, pure, and immaculate bodies are lies, kitsch [...] In that sense, I'm interested also in the subject of sin and guilt, to put it in religious terms."[10]

Coups de grâce

> *"because children are not satisfied with the answer and adults are not satisfied with the question"* (Vladimír Holan)

In the works of Ivan Pinkava human nudity is linked with transformations caused by time, aging.[11] The transformation of the body is also linked to changes in consciousness. Sleep, intoxication, and ecstasy weaken muscle tissue. The state of experiencing – the alchemy of physical changes and transformations, temporary and also permanent, to put it poetically – covers the whole spectrum of behavioral models connected with love, emotion, instinct, desire, anxiety, hatred, defiance, and also love of oneself. From women are born women and men. They continue in imprints of themselves, and unwittingly find themselves in the mysterious continuity of human existence. They are brothers and sisters, biologically and figuratively. And here we may look for the boundary where the artist Pinkava begins consciously to relate to what goes beyond the physical being of the individual person and touches upon universal, let's say metaphysical, questions. Transformation here on Earth may analogically be close to transubstantiation in the Christian sense of the word. How should one understand transubstantiation, a dogma about a body that is bread and wine? How should one understand reincarnation? What is the Trinity? How should one imagine the Resurrection and eternal life? In his photographs Pinkava creates something like transformational models, which nevertheless preserve the openness of the ideas. The counter-positioning of two photos – *Advocatus Diaboli* (1999) and *They Shall Look on Him Whom They Pierced* (1997). In the first, the "devil's advocate" offers the viewer a piece of juicy, irregularly cut fruit instead of the Eucharist. Everything refers back to a Mephistophelean temptation through the temporariness of objects and the body. The second photo shows only a pair of feet and legs. The evocation of the Christological subject is obvious. The wooden box imitates the levitation of the body above the ground. The unreality of the now independent, anonymous extremities both piques the curiosity and plays with established convention in the perception of the subject, which "looks like" the legs of the crucified Christ. Pinkava reveals established compositions in new garb and asks the same questions in different ways. Unconventional physical and objective configurations emerge, but consciously moving in close proximity to their absolute conventional ones. And sometimes he intentionally crosses them.[12]

"Tormentors, their victims, and self-tormentors here show their wounds in ecstasy," Věra Jirousová wrote in a review of "Heroes," Pinkava's important 2004 exhibition at the Galerie Rudolfinum, Prague.[13] Upon closer inspection, however, we discover that tormentors, except for several spiteful "tempters," are absent from the photographs. There is not the least contact between the photographed figures that would suggest aggression or open conflict. On the contrary:

flagellants predominate here, wounding themselves because of self-hatred or self-admiration, narcissists (*Ecce homo*, 1995).[14] It is as if the photographer wanted to show, by means of allegorical metaphor, the key to something truly substantial, a revision of the term "the self."[15]

Does this perhaps suggest the possibility of a primordial purity of interpersonal relations, which is, however, continuously clouded by the wounding of the ego and tempted by fateful disruptions in the concrete lives of human agents? What are the things that can sully one on the way to purification? What can be washed off later, and what cannot? Pain and the traces of a healed wound in *Scars* (1999), high on hashish in *Young Man with Poppies* (1996), original sin in *Adam and Eve*, or even incest between twins in *Incest (Twins)* from 1999? Which way do the roads of justice lead, whence and whither? The look in the eyes of *Salome* (1996), full of bitter knowledge, is enough to make the viewer understand that she was misused by people close to her, forcing her to make an irrevocable decision and to commit an equally irrevocable act. What is the difference between the two brothers in *Cain and Abel* (1998)? Seen through Pinkava's lens, one would say, hardly any! Let's look at the details, for they are decisive. And what about half-closed eyes?

TNF

> *"the unearthly whiteness of statuary"* (Aldous Huxley, *Heaven and Hell*, 1956)

> *"They are beings from the end of the century [...] beings of the universe: sexless, disowned, and powerfully expressive."* (David Chandler about Pinkava's photographs, 1993)

The theatre of new forms is in itself a heraldic motto. Pinkava captured it in the series *TNF* (*Teatr Novogo Fronta*) with synthetic expression. He works with selected actors, whom he strips of their personal character and dimension, by shaving their heads, stripping them, and using light.[16] As a fashion model changes clothes, an actor takes over roles. He or she is continuously reincarnated. When not performing, the actor becomes lusterless, pale. He or she becomes a vehicle for empathizing with other lives and fates. In the better case, the actor is a permanent pilgrim, in the worse case, a turncoat and transvestite. Pinkava strips the actor bare into a sort of prototype. He does not, however, turn figures with hermaphroditic features into mere supernumeraries. Instead, they tend in consequence to resemble silent, inanimate statutes, a firm coherent form contrasted with its amorphous milieu. This too is the origin of the distinguishing attributes, as with the pilgrims and saints of Christian iconography.[17] A different attitude, a fan, a unicorn's horn. One can only guess whether that horn is intended here as a symbol of innocence or, by contrast, a trophy, evidence of one of the greatest sins, the killing of a rare mythical beast. Again, we have evidence of Pinkava's characteristic question-raising ambivalence. The important thing is the lighting. It dematerializes. The figures stripped of gravity again gives the impression of levitating.

The powerful counterpoising of *Tristan* (2001) with *Isolde* (2000) is handled in a similar way. The tragic story of great passion that has many obstacles placed in its way. The lovers ultimately meet only at the moment of death. Whereas the reclining Tristan in the photograph has his back turned to the viewer, Isolde's face is visible and one sees her closed eyes. Tristan, turned away from us, propped up on his elbow, is considered self-sufficient. Isolde, by contrast, her head on a cushion, is supported by comfort (which is usually linked to dependence), and her hand suggests she is conscious of her nakedness. As if she were escaping to Tristan in her dreams. The physical absence of a loved one is not, it seems, essential to the emotional intensity of a relationship.[18]

The harsh stage lighting, as in the *TNF* series, lends the figures a double dimension. They are shown in the light and also radiate light onto the background of an all engulfing darkness. Is it possible using visual means to give a better shape to a being on a pilgrimage?

Allegorical objectivity

"Fenced-in nothingness! And yet we climb over ...." (Vladimír Holan)

Apart from figures, part of Pinkava's project of ideas comprises objective elements, artifacts. They either form configurations of meaning together with the photographed figures as attributes (as in *Noah*, 2002, and *The Benjamin of the Family*, 1997) or they are captured independently. They are loosely connected to broader groups of themes or develop them in a special way or complete them.

Single subjects, which in Pinkava's work regularly return after some time, and are then a vanitas and memento mori.[19] The subjects often link together a figure and a dead object or objectify parts of the human body. *Memento mori I* (1993) shows an androgynous head foreshortened and standing out from the darkness. The hair is expressively windblown, and brings to mind lashing flames. It may thus refer to burning as an act of transformation and purification. *Memento mori II* (2001) is made with a distinctly male model. The bald head with the sharp jawline is reminiscent of a skull concealed under skin infused with the blood of bulging veins. The hands over the edge of what the head is resting on seem to imitate the wilting products of nature in a vanitas. The finger of the right hand is pointing downwards, to the darkness. In the detail of the head and shoulders, the figure is bowing down to something. The woman's face in the photograph *Zora* (1995) goes beyond the usual portrait. The harshly lit, expressive facial features against a background of dark hair changes, upon closer inspection, into the outlines of a skull. Here again one is very close to an "omen of death." As in the diptych *Vera icon* (1999) Pinkava combines traditional Christological iconography with the theme of the vanitas, which is brought to our attention by a fly on the left cheek of the model. And Pinkava does so in many other places as well (for example, *Sheep*, 2003, and *Great Banquet*, 2003). Depicted by Pinkava, even a subject as banal as the one in *Chair* (2001) suddenly levitates. The thing finds itself beyond space, which is painted over by the reflecting background "as if one were trying to fill in the desolateness by continuously adding chairs."[20] On the seat we suddenly notice a crack. Inappropriateness. Flawed perfection. Or a place connected with a modest event, a place of intimate memory.

Spiritual Exercises

> *"The first prelude is the composition, seeing the place."* (Ignatius of Loyola, *Second Week. Exercise*)

The relationship between an idea and its physical verification has to do with sleep, death, and also meditation. The spiritual exercises are nothing but meditation structured in time.[21] The state of immediate awakening contains an intertwining of fact and fiction. Hence the supposed similarity to an ecstasy that could perhaps resemble a transition to another state of consciousness after death. Compared to earlier photos of erect full frontal figures (in *Heroes*), here the emphasis is on a horizontality that is no less heroic. Figures and objects lie in an improvised setting. In some photos they relate to an acknowledged horizon, in other photos they deny it. Expectation and the tension connected with the motif of passivity, which stems from that, here give the impression of metaphysical experience. By photographic means the artist transcends the objective category connected with the objective perception of eternity. The photo *Knife* (2002) is particularly eloquent. The wavy horizon heralds that a change is coming. An individual lying on his belly, facing away, is making a futile gesture of defense. With a knife he blindly cuts through the space. The knife becomes a theatre prop, defense an absurd act. In Pinkava's *Exercises* the figure is now completely absent. Only foam rubber mats placed along the horizon remain in an empty environment, imprinted with the memory of a body. They are settings stripped bare, abandoned territories.

"The idea of an ego–territory is in fact a fictitious idea," Marcel writes in the essay *Presence and Immortality*.[22] This somehow captures the difference between desire and hope, between the feelings evoked by anxiety about the physical end of existence. Whereas desire is proprietary and clings to the physical world of forms, "hope is not egocentric."[23] Objects leave the imprint of human presence, which passes, superseded by new sources. Even objects themselves get old, submit to time, and are superseded by new ones. (Here insulation, foam rubber, which submits to decay, is significantly used by the photographer.) Their function, however, does not really change. Everything lasts in regular variations. It is a matter of unfastening oneself from oneself, stepping out from one's own shadow, trying "to be in the light" and understand that the category of objective, and therefore definitive, death is a fiction, like the opposite of this claim. Here the open possibility is what is essential. Freedom and mercy. It is this experience that Pinkava's works are concerned with.

Epilogue

> *"therefore, whoever would like to come with Me is to labor with Me, that following Me in the pain, he may also follow Me in the glory."* (Ignatius of Loyola, *Second Week, Pt 2, First Point)*

The window opened the wind, which drafted on in:
What you do is a lot and is not,
But to do and to be, a wonder worthy of envy!
Night was puffing on history, feasting on fried wings
Sliced from the ankles of Hermes.
And washing it down she was
With the sweat of the organist at St Tragedy's.

(Vladimír Holan, from *Noc s Hamletem* [Night with Hamlet])[24]

Notes

1 For example, Josef Kroutvor, "Skok do tmy," in Ivan Pinkava, *Dynastie*, Prague: ERM, 1993, p. 8; Tomáš Pospiszyl, "Černobílá dekadence: Fotografický svět Ivana Pinkavy po dvaceti letech," *Týden*, 11 (2004) 23, p. 96.

2 Martin C. Putna, "A World Made Unbeautiful," Ivan Pinkava, *Heroes* (ex. cat.), Prague: Kant, 2004, pp. 13–16. Putna writes about the *conceit* in Mannerist emblematic writing.

3 "Pinkava's 'portraits' may bear the names of real people, but have more to do with the forming or creating of a certain figure, like in a play for the stage." Milena Slavická, "Kain a Ábel," *Ateliér* 11 (1998), nos. 16–17.

4 Gabriel Marcel, *Přítomnost a nesmrtelnost (Výbor z textů)* (1959), Trans. from the French by Peluška Bendlová. Prague: Mladá fronta, 1998, pp. 102–03.

5 This is a loose paraphrase of the composition of Zrzavý's *Meditace* (1915), reproduced, for example, in Karel Srp and Jana Orlíková, *Jan Zrzavý*, Prague: Academie, 2003, p. 178, or www.artmagazin.eu/galerie-vytvarniku/jan-zrzavy-1890-1977-obrazy-kresby-ilustrace, and www.pesek.wz.cz/okrouhlice/cesky/zrzavy.

6 As Pinkava notes, "Tradition doesn't hold one back. On the contrary, it enables one to build bridges [...] For me, maintaining the balance means not going too far, yet still having the courage to go at least to the point where it begins to get interesting, where it begins to provoke thought." Lucia Lendelová, "Svätý, svätý, svätý: Rozhovor s fotografom Ivanom Pinkavom a výtvarníčkou Dorotou Sadovskou," *Profil* 2004, no. 3, p. 55.

7 For the flagellant's self-projection into suffering, see Pinkava's Christological composition with the ambiguous title *O, Sweet Blood!* (1995).

8 Pinkava also remarks: "The photograph *Ecco la Luce!* is important for me partly because of Leonardo, but also because of the loop that its paraphrase was painted by the Czech painter Jan Zrzavý. For me the photo is then a paraphrase of that paraphrase." Lendelová, "Svätý, svätý, svätý," p. 69.

9 Slavická talks about "the genetic program of man." Milena Slavická, "Kain a Ábel," *Ateliér* vol. 11 (1998), nos. 16–17; see also Nina Vangeli, "Fotograf Pinkava pracuje s magií rodové příbuznosti," *Lidové noviny*, vol. 11 (1998), no. 148, p. 12

10 Lendelová, "Svätý, svätý, svätý," p. 59.

11 Pinkava also remarks: "I perceive the nakedness of my works not as revealing, but as a kind of aid to finding something universal and common to us all [...] I am not concerned with nakedness as such." Lendelová, "Svätý, svätý, svätý," p. 57.

12 As the photographer-critic Moucha say, "Ivan Pinkava does not experiment. His credo is not experimentation, but spirituality," Josef Moucha, "An Ambiguous Aura," in *Theatre of Lost Souls* (ex. cat.), Morgantown: West Virginia University, 2000, p. 10; see also Lendelová, pp. 55 and 70.

13 Věra Jirousová, "Pinkavovy iniciační fotografické obrazy," *Art & Antiques* 7/8, 2004, pp. 128–29; see also Putna, "A World Made Unbeautiful."

14 The subject of self-love appears elsewhere in Pinkava's work, for instance, *Narcissus*, (1997) and *The Kiss* (2001).

15 As Marcel notes: "Here, there is some kind of confluence of metapsychical experience on the one hand and autonomous reflection on the other. That confluence (the frame of fiction = the idea

of some sort of "ego-territory") is, then, able at the level of speculative reflection to cast post-Cartesian philosophy into doubt, to the extent that this philosophy is concentrated on *cogito* conceived in its restricted form, whereas only the critic of the self can open the way to liberating metaphysics for us." Marcel, *Présence et immortalité*. See also Maeterlinck: "A wound, a shock, an illness, a little alcohol, a little *opium*, a little smoke are enough to affect it. Even when nothing impairs it, it is not uniformly perceptible. An effort is often necessary, a deliberate looking into ourselves, before we can recover it and become aware of some particular event. [...] One would say that the functions of that organ by which we taste and know life are intermittent and that the presence of our ego, except in pain, is but a rapid and perpetual sequence of departures and returns." Maurice Maeterlinck, *Our Eternity*, trans. of *La Mort* (1911), by Alexander Teixeira de Mattos, New York: Dodd Mead, 1913, p. 57, accessed 6 November 2009, The Internet Archive, San Francisco, CA, www.archive.org/stream/oureternOOmaet/oureternOOmaet_djvu.txt.

16 Věra Jirousová, "On the Threshold of a Story" in *Ivan Pinkava/ TNF* (ex. cat.), Prague: Ateliér Josefa Sudka, 2002, unpaginated.

17 This is particularly true of the saints and blesseds of the Orders, for example amongst the Jesuits, where the distinctions amongst them are usually inconspicuous, indeed almost imperceptible to the uninitiated. See Ivana Čornejová, *Tovaryšstvo Ježíšovo: Jezuité v Čechách*, Prague: Kolumbus and Mladá Fronta, 1995.

18 Marcel, *Přítomnost a nesmrtelnost (Výbor z textů)*, pp. 90–91.

19 *Memento mori* is also the name of an exhibition project by Pinkava, Václav Jirásek, and Robert V. Novák, held at the Galerie Rudolfinum in November 1995. It was an artistic documentation of the Sedlec Ossuary near Kutná Hora. See Mojmír Horyna, "Kostnice v Sedlci: Prostor Triumfu smrti a naděje Vzkříšení," in *Memento mori/ Fotografie*, Prague: Galerie Rudolfinum, 1995.

20 Vladimír Holan, *Toskána*, Prague: Československý spisovatel, 1969, p. 68.

21 See Ignatius of Loyola, *The Spiritual Exercises of St. Ignatius of Loyola* (1548). Trans. Elder Mullan [1914]. The Internet Sacred Text Archive, Santa Cruz, CA, accessed 6 November 2009, www.sacred-texts.com/chr/seil/seil16.

22 Marcel, *Přítomnost a nesmrtelnost (Výbor z textů)*, p. 101. See also note 15, above.

23 Ibid., p. 91; idem., *Presence and Immortality*. Trans. Michael A. Machado, Pittsburgh: *Duquesne* University Press. 1967, p. 42.

24 Vladimír Holan, *Noc s Hamletem*, Prague: Československý spisovatel, 1969, p. 16.

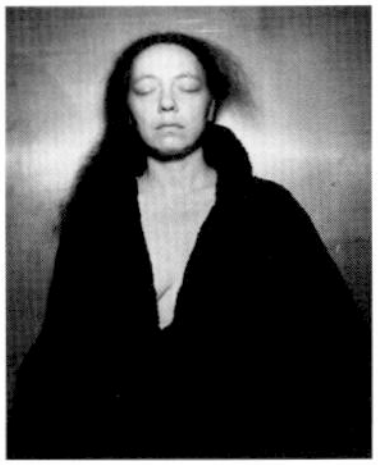

Portrait for Gertrude Stein /
Portrét pro Gerteudu Steinovou, 1986

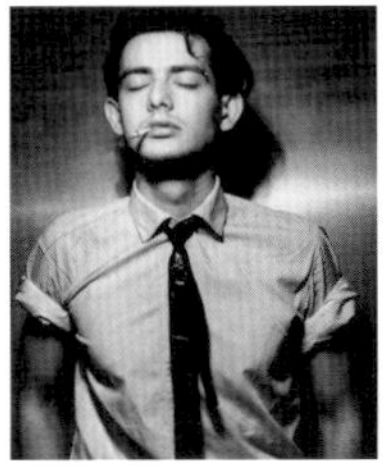

Portrait for Ladislav Klíma /
Portrét pro Ladislava Klímu, 1985

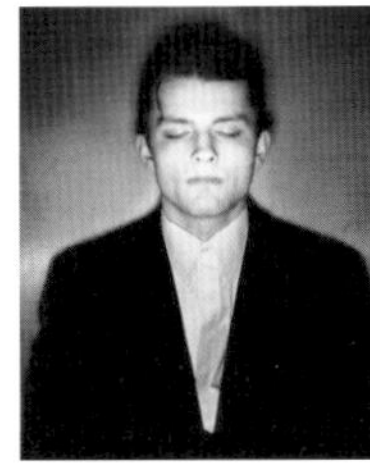

Portrait for Antonin Artaud /
Potrét pro Antonina Artauda, 1986

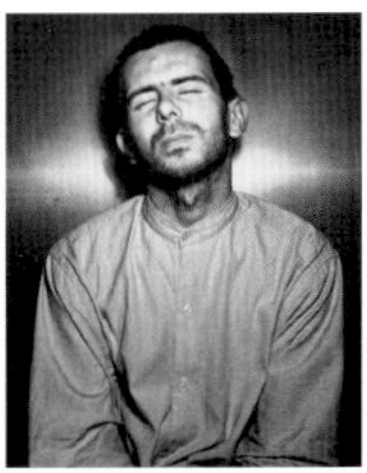

Portrait for F. M. Dostoyevsky /
Portrét pro F. M. Dostojevského, 1986

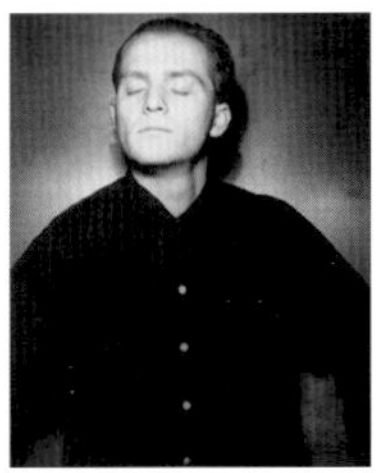

Portrait for Friedrich Nietzsche /
Portrét pro Friedricha Nietzscheho, 1986

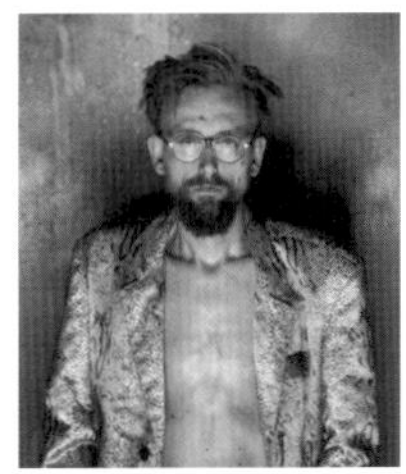

Michal Cihlář, graphic artist /
Grafik Michal Cihlář, 1998

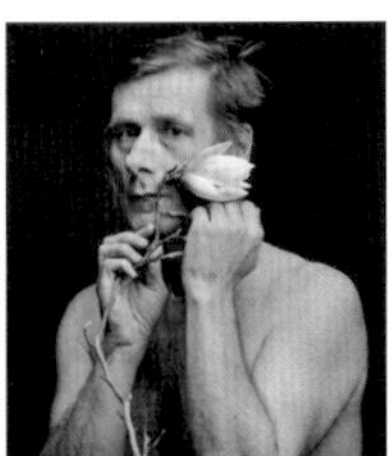

Václav Stratil, conceptual artist /
Konceptuální umělec Václav Stratil, 1996

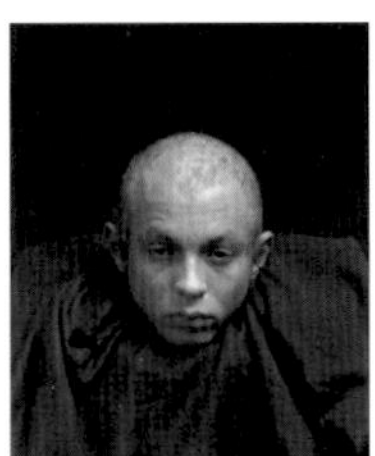

Gilles, 1994

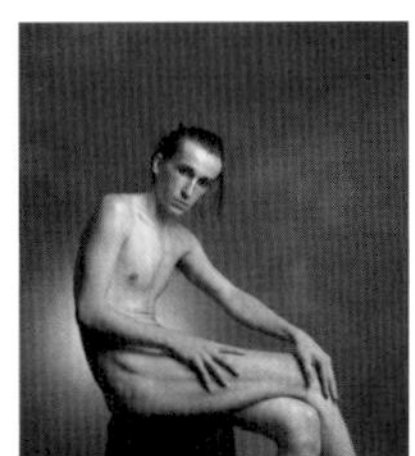

Dynasty, no. 8 / Dynastie č. 8, 1991

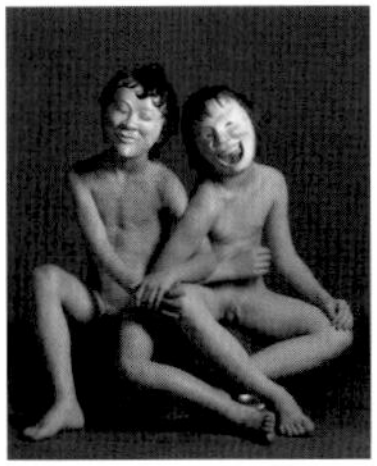

Castor & Pollux, 2000

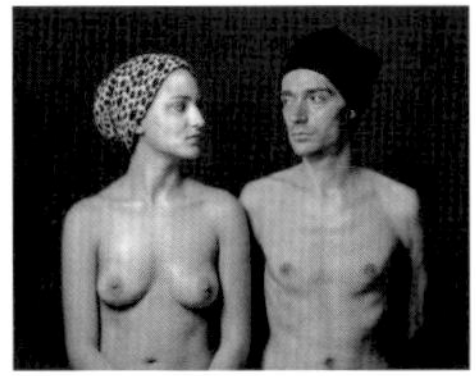

Sára and her brother Tobiáš /
Sára a její bratr Tobiáš, 2001

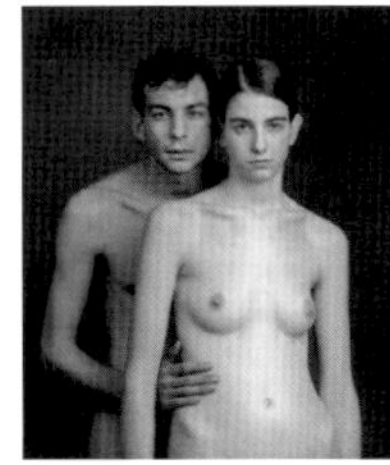

Satyr and Venus (Brother and Sister) /
Satyr a Venuše (Bratr se svou sestrou), 199

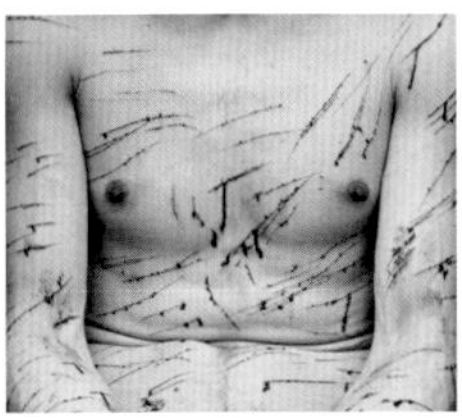

Ecce Homo, 1995

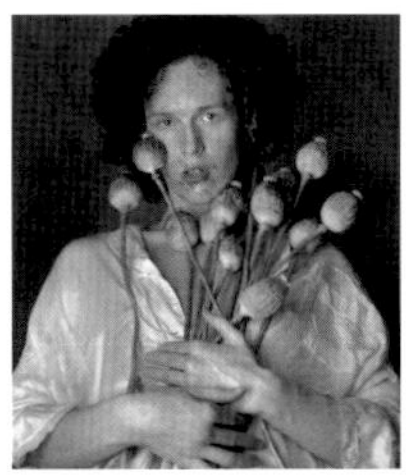

Young Man with Poppies /
Jinoch s máky, 1996

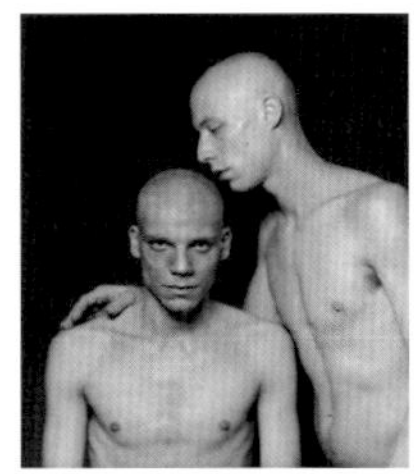

Incest (Twins) /
Incest (Dvojčata), 1999

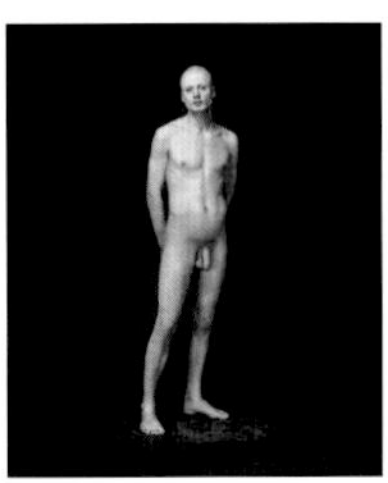

TNF (Teatr Novogo Fronta) 3, 2002

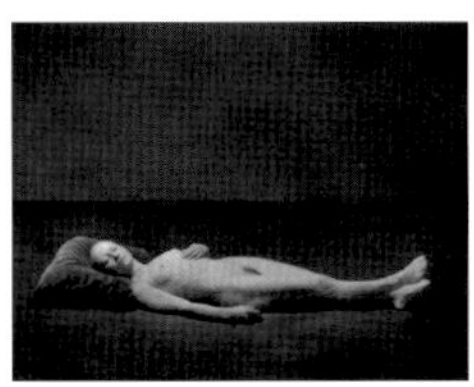

Isolde / Isolda, 2002

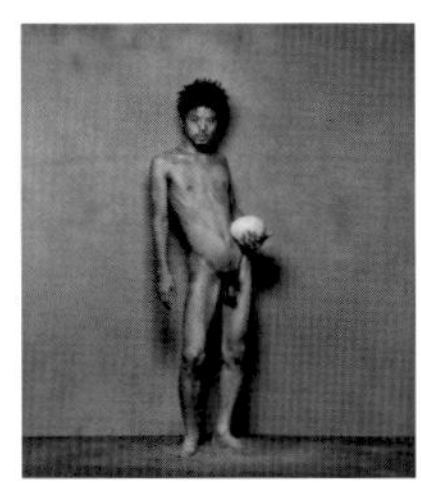

Noah / Noe, 2002

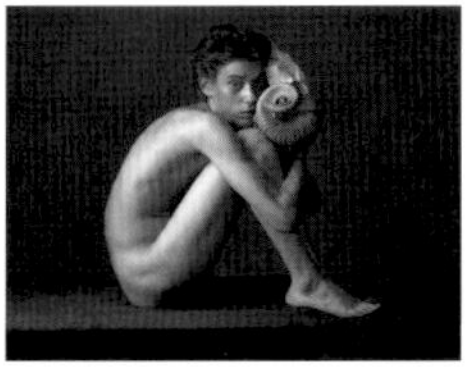

The Benjamin of the Family /
Benjamin, miláček rodu, 1997

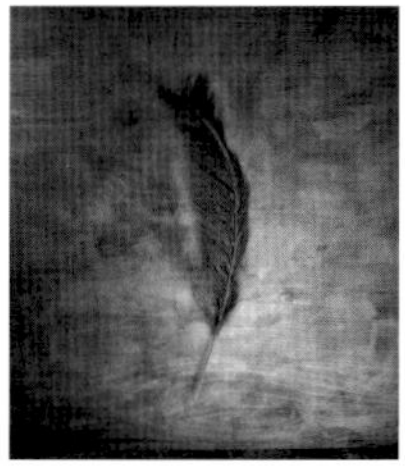

Vanitas, 1995

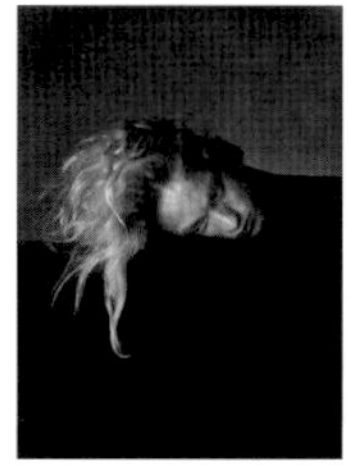

Memento mori I, 1993

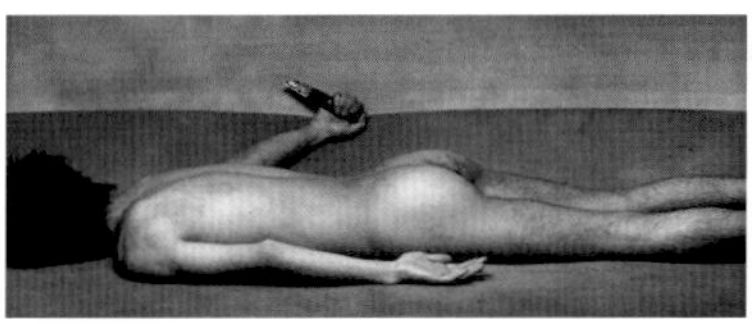

Knife / Nůž, 2002

Předobrazy budoucnosti

Tento náš svět je uspořádán takovým způsobem, že všude kolem sebe mohu nacházet všechny důvody k beznaději, vidět ve smrti obrácení v nic a žalostné slovo – klíč k nepochopitelné existenci, do níž jsem byl nepochopitelným způsobem vržen.
(Gabriel Marcel, Přítomnost a nesmrtelnost)

Řekneme-li, že se fotograf Ivan Pinkava (*1961) vyjadřuje prostřednictvím klasického zobrazujícího repertoáru černobílé fotografie – figury a zátiší, není to charakteristika zcela přesná. Figura a zátiší se tu totiž prolínají do jednoty zvláštní povahy, kterou lze interpretovat pouze na základě sjednoceného pohledu umělce na vnímání světa a role lidského jedince v něm. Lidská postava vystupuje na snímcích jako živý organismus stejně jako věcný artefakt, který zaplňuje prostor. Dává prostoru měřítko a (tím) smysl. O jaký smysl a jaké měřítko se ale jedná? To není zcela jednoznačné. Co se ale jednoznačné zdá být, je důraz na roli času v tomto opakujícím se procesu.

Pinkavovy fotografie, mnohokrát označené za symbolistní či dekadentní,[1] se prioritně nezabývají povrchem skutečnosti. Podstatné zde jsou vztahy vybraných prvků vůči sobě, vůči volenému rámci jednoho snímku i vůči proměnám a variacím na jednotlivých fotografiích celého souboru. Drobné, nepatrné obměny motivů na pozadí ztemnělého rámce hovoří pro opakování, upřesňování, a tedy pro podrobný průzkum nějakého teritoria. I proto jc tu oprávnčná spíše zmínka o manýrismu.[2]

Pokud bychom Pinkavovu tvorbu vnímali lineárně, jako cestu, pak tu dochází k pozoruhodnému jevu. Dominantní, sebestředná, pohledově maximálně exponovaná lidská figura ze starších děl se u mladších proměňuje. Stává se epizodickou, nebo zcela mizí. Zbývají po ní pouze různé otisky v prostoru. Paměťové stopy. Pokud zvolíme čtení nelineární, v tomto případě patrně vhodnější, zjistíme, že epicentrum autorova myšlení, kolem kterého se pohybuje v různých prstencích Pinkavova obrazotvornost a s ní volená ikonografie, je zcela nehybné. Že je to jakýsi stanovený, pomyslný pevný bod ve vesmíru, čep, kolem kterého probíhají autorovy sondy do oblasti lidské pomíjivosti. Otázky, které jsou zde kladeny, se týkají neustále potvrzované lidské smrtelnosti i naděje na její překonání, víry v nesmrtelnost. Výrazově se tu fotografie velmi přibližuje scénickým formám divadla.[3]

Spínačem pozornosti, přelomovým bodem, hraničním přechodem je pro Pinkavu akt smrti. Zkušenost, kterou nelze v běhu lidského života obejít, z které se nelze vyplatit ani ji jinak vytěsnit z vědomí. Je to konec jedné lineární časové úsečky, za kterou nastává tma a ne-vědomí. Momenty konfrontace se smrtí se objevují v různých odstupech a různé intenzitě v průběhu celého života, od dětství přes produktivní věk až ke stáří. Tvoří je přímé zkušenosti i situační momenty otisknuté v „předobrazech" do spánku či jinak pozměněného vědomí. Také zrození jako začátek, bod nula, odkazuje k jakési konečnosti. Leitmotivem Pinkavova díla se zdá být osa lidského uvědomování si vlastní dočasnosti a hledání smíření s touto skutečností. Gabriel Marcel hovoří v této souvislosti o „ose duchovní aktivity", která v myšlení artikuluje svobodu a milost.[4] Odtud také Pinkavův ambivalentní motiv jinocha jako nositele obnovované vitality, ale i jednorázové ukázky dočasné životní dokonalosti, která v procesu času propadne zákonitě destrukci.

Podobizny, dynastie, rodiny

Je to smrt, která brání člověku v zahálce? (Vladimír Holan)
Povznášející moc plamene roste úměrně s hloubkou okolní tmy. (Aldous Huxley)

Nejstarší fotografie Ivana Pinkavy z poloviny 80. let zachycují fiktivní portréty spisovatelů, básníků a filosofů. Autorova vnitřní spřízněnost a sympatie se podílí na volbě panteonu „nesmrtelných", kteří před námi defilují na způsob šlechtických portrétních galerií. Dodejme, že šlechtické galerie bývají zpravidla rodinné. Je to tedy neskutečná „rodina", kam patří třeba Gertrude Steinová, Ladislav Klíma, Sylvia Plathová, Antonin Artaud, F. M. Dostojevskij nebo Friedrich Nietzsche? Polopostavy sjednocuje motiv zavřených očí, v tom je jejich genealogické příbuzenství, jsou mrtvi a přece žijí. Žijí skrze svůj odkaz. Zůstávají v idejích. Pinkava hledá jejich podobu v žijících modelech skrze výraz, gesta, volbu oděvu nebo účesu. Siluety postav vystupují na pozadí zvláštního, ireálného světla. Vyzařují světlo odkudsi zevnitř. Jsou a nejsou mrtví.

V průběhu 90. let Pinkava provedl další portrétní galerii. Tentokrát pracoval s žijícími umělci – spisovateli, básníky, malíři, grafiky. Jejich povahové rozrůznění je tu širší a také výrazově akcentovanější. Například Michal Cihlář coby grafik jako by se převtělil do rysů staršího grafického mága a okultisty Josefa Váchala. U konceptuálního umělce Václava Stratila odhalujeme kompoziční předobraz z české moderní malby, konkrétně z tvorby Jana Zrzavého.[5]

Silným podnětem k imaginaci, čili myšlení v obrazech, jsou pro Ivana Pinkavu přirozeně dějiny výtvarného umění. Nachází zálibu v posunech a záměnách navyklých formálních a obsahových vazeb v rovině ikonografie i ikonologie. Reviduje a aktualizuje historické předlohy.[6] Oslovují ho také oblasti specifické výtvarné citlivosti, která stylizuje a zpředmětňuje emoce. Emoce jako plody podrážděného vědomí. Tak se mezi fotkami z roku 1995 setkáváme s postavou mladého muže, který zraňuje nožem své vlastní tělo (*Se svým nožem*). Na pozadí ornamentálního koberce ukazuje rány. Je tu ale patrný rozpor. Obnažuje povrch těla skutečně vnitřní žité jizvy – stigmata, nebo jen rozmnožuje a podtrhuje povrch mladíkovy sebestřednosti?[7] Model má rysy malíře Jana Zrzavého. V podobizně *Gillese*, volně podle stejnojmenného obrazu Antoina Watteaua datovaného do rozmezí let 1718–19, nacházíme odvrácenou tvář dovádivého, erotického a pitoresknìho rokoka. Ne ostříhaná, ale oškubaná, potupená hlava znaveného chlapce, s odstátýma ušima, hledí pokleslými víčky do objektivu. Hlava na rozhraní tmy a šaškovského ohozu, pohled někoho, koho nikdo nechce, kdo je všemi odmítán.

Inspirace z oblasti výtvarného umění a její záměrné posuny vytvářejí osobitý motiv časoprostorových přenosů. Ivan Pinkava ve svém fotografickém díle znovuoživuje prověřené motivy-předobrazy a zapojuje je do nově vznikajícího živého umění a tím potvrzuje jejich ne-smrtelnost. Klíčovým dílem z tohoto hlediska je fotografie nazvaná *Ecco, la Luce!* (1996) neboli *Ejhle světlo!*, kde dochází dokonce k trojitému přenosu figurální kompozice jako autorské parafráze původní myšlenkové projekce. Nejprve tu byl Sv. Jan Křtitel Leonarda da Vinciho, potom Sv. Jan Křtitel Jana Zrzavého, nakonec Pinkavova androgynní postava (holohlavý ženský model) se stejným gestem ruky ukazujícím vzhůru k symbolickému světlu, přeneseně k Bohu.[8]

Neobvykle široký rozměr dostává v díle Ivana Pinkavy námět rodiny a rodinných vztahů.[9] Od série *Dynastie* (1990–1991), kde jsou vedle sebe umístěni muži a ženy z jedné fiktivní přízně, přes mytické a současně i skutečné sourozence (*Castor & Pollux*; *Sára a její bratr Tobiáš*), jinotajná dvojčata (*Tomáš a David Medkovi*), až po mystické náznaky výkladu rodiny, které ale opět provokují řady otázek (*Pietà*). Divák se musí znovu ptát, proč ona Boží nespravedlnost v případě smrtelnosti a nesmrtelnosti dvou bratrů, u Pinkavy pod maskami (*Castor & Pollux*). Napohled stejní, v osudu rozdílní. Proč tvoří tradiční diptych křesťanského umění (*Adam a Eva*) natolik odidealizovaní jedinci, kde se živá hmota nahé tělesnosti po hříchu leskne mastnotou a špínou a kde jsou ukazovány evidentní stopy smrtelnosti (povislá ňadra Evy, jizva Adama v pánevní oblasti)? Proč *Pietu* tvoří propletená dvojice přibližně stejně starých jedinců? Vytváří překřížení jejich údů skutečně písmena christologického monogramu X P? Jak mohou být satyr a Venuše sourozenci – *Satyr a Venuše (Bratr se svou sestrou)*, 1996)? To přeci zavání blasfemií? Pinkava tu paradoxně otevírá především téma čistoty a neposkvrněnosti, a to v rovině tematických kontrapozic. Tělesnost a nahota je tu nahlížena skrze postupnou časovou transformaci (*Malý Charón* a *Velký Charón*, 1996, 1997). „Zajímá mě čistota, či lépe snaha o ní [...] čistota, do které se dá dojít. To nikdy není možné bez ušpinění [...] Krásná, dokonalá, čistá a neposkvrněná těla jsou lží, kýčem. V tom smyslu mě zajímá i téma hříchu a viny, použijeme-li tento náboženský slovník.“[10]

Rány z milosti

„neboť dětem nestačí odpověď a dospělým otázka“ (Vladimír Holan)

Lidská nahota je u Ivana Pinkavy spojena s časovou transformací.[11] Stárnutím. Proměna těla souvisí ale také s proměnami vědomí. Spánek, omámení a extáze ochabují svalové tkáně. Situace prožívání, kam patří celé spektrum jednacích vzorců spojených s láskou, citem, pudem, tužbami, úzkostmi, nenávistí, vzdorem, ale i sebeláskou, to je básnicky řečeno alchymie tělesných změn a proměn. Dočasných i trvalých. Z žen se rodí ženy a muži. Pokračují v otiscích sebe sama a nevědomky se podílejí na tajemné kontinuitě lidské existence. Jsou to bratři a sestry, v biologickém i přeneseném smyslu. A tady lze hledat hranice, kdy se umělec Ivan Pinkava začíná vědomě vztahovat k tomu, co přesahuje fyzické bytí jednotlivého člověka a dotýká se otázek obecných, řekněme metafyzických. Transformace zde na zemi může mít analogicky blízko k transsubstanciaci v křesťanském slova smyslu. Jak rozumět přepodstatnění, dogmatu o těle, které je chlebem a vínem? Jak rozumět převtělení? Co je trojjedinost? Jak si lze představit zmrtvýchvstání a nesmrtelnost? Pinkava vytváří ve svých fotografiích jakési transformační modely zachovávající ovšem otevřenost tezí. Velmi obrazná je například kontrapozice dvou snímků – *Advocatus Diaboli* (1999) versus *A potom poznají, koho probodli...* (1997). Na prvním nabízí divákovi „ďáblův advokát" místo eucharistie nepravidelně rozkrojený, šťavnatý plod. Všechno odkazuje k mefistofelskému pokoušení skrze věcnou a tělesnou dočasnost. Druhá fotografie zachycuje pouze nohy. Evokace christologického motivu je očividná. Dřevěná bedýnka imituje levitaci těla nad zemí. Irealita osamostatněných, anonymních končetin na jedné straně stupňuje zvědavost a na straně druhé si pohrává se zažitou konvencí ve vnímání motivu, který „vypadá jako" nohy ukřižovaného Krista. Pinkava rozkrývá schémata v nových střizích a klade stejné otázky jinak. Vznikají nekonvenční tělesné a věcné konfigurace pohybující se ale vědomě v těsném sousedství s těmi navýsost konvečními. A někdy je cíleně křižují.[12]

„Trýznitelé, jejich oběti a sebemučedníci zde v extázi ukazují své rány," píše Věra Jirousová v recenzi na důležitou Pinkavovu pražskou výstavu Heroes konanou v Galerii Rudolfinum v roce 2004.[13] Při zbystřeném pohledu ale zjistíme, že trýznitelé s výjimkou několika potměšilých „pokušitelů" na fotografiích absentují. Ani jediný kontakt mezi snímanými postavami nenaznačuje agresi či otevřený konflikt. Naopak tu převládají flagelanti ubližující si z důvodů sebenenávistných nebo sebeobdivných, narcisistních (*Ecce homo*, 1995).[14] Jako by nám autor prostřednictvím jinotajné metafory ukazoval klíč k něčemu velmi podstatnému. K revizi pojmu vlastního „já".[15]

Je tu snad naznačována možnost prapůvodní mezilidské vztahové čistoty, která je ale neustále kalena skrze zraňované ego a pokoušena osudovými zlomy v konkrétních životech lidských jednatelů? Co všechno špiní na cestě za očistou; co lze ještě dodatečně smýt, a co již ne? Bolest a stopa zacelené rány v případě *Jizvy* (1999), opojení hašišem u *Jinocha s máky* (1996), prvotní hřích u *Adama a Evy* nebo dokonce incest u dvojčat – *Incest (Dvojčata)*, 1999? Kudy vedou cesty spravedlnosti, odkud a kam? Stačí pohled *Salome* (1996) plný hořkého poznání, aby divák pochopil, že byla zneužita blízkými lidmi k neodvolatelnému rozhodnutí a posléze činu. Jaký je rozdíl mezi *Kainem a Ábelem* (1998)? Optikou Pinkavy nepatrný! Sledujme detail, je směrodatný. Co třeba přivření víček...?

TNF

„nadpozemská bělost sochařských děl“ (Aldous Huxley)

„Jsou to bytosti z konce století. [...] Vesmírné bytosti: bezpohlavní, odmítavé a mocně expresivní“ (David Chandler o fotografiích Ivana Pinkavy)

Divadlo nových forem je samo o sobě heraldické motto. Ivan Pinkava se ho v cyklu *TNF* (*Teatr Novogo Fronta*) zmocňuje syntetickým výrazem. Pracuje s vybranými herci, kterým odnímá jejich osobní charakter a rozměr – ostříháním hlavy, nahotou, nasvícením.[16] Jako manekýn střídá oblečení, herec přebírá role. PŘEVTĚLUJE SE. Když zrovna nehraje, charakterově zmatní, vybledne. Stává se otevřenou platformou pro vcítění se do jiných životů a osudů. Je v lepším případě neustálým poutníkem, v horším převlečníkem či transvestitou. Pinkava obnažuje herce v jakémsi prototypu. Z postav hermafroditních rysů ale nejsou činěni pouzí figuranti. Spíše se ve výsledku podobají mlčenlivým, neživým sochám. Pevný, soudržný tvar proti amorfnímu prostředí. Odtud také rozlišovací atributy, podobně jako u poutníků a světců křesťanské ikonografie.[17] Odlišný postoj, vějíř, roh jednorožce. V případě posledního atributu se lze jen dohadovat, zda je tu myšlen jako symbol nevinnosti, nebo naopak jako trofej, důkaz jednoho z největších hříchů, zabití vzácného mytického zvířete. Opět důkaz charakteristické Pinkavovy ambivalence provokující otázky. Důležité je nasvícení. Odhmotňuje. Postavy zbavené tíže opět vyvolávají dojem levitace.

Podobně je zpracovaný také silný kontrapoziční námět *Tristana* (2001) a *Isoldy* (2000). Tragický příběh velké vášně, které se do cesty staví mnoho překážek. Milenci se nakonec setkají až v okamžiku smrti. Zatímco ležící Tristan je na snímku odvrácen od diváka, je Isoldě vidět do tváře a lze pozorovat její zavřené oči. Tristan ukazuje anonymní, zaměnitelnou část těla – záda a podepírá sám sebe vlastní rukou, loktem. Platí za někoho, kdo je soběstačný. Naopak Isolda spočívá na polštáři, je podložena pohodlím (bývá spojeno se závislostí), a ruka naznačuje sebe-vědomí nahosti. Jako by snila svůj sen a za Tristanem unikala z reality právě do snění. Fyzická nepřítomnost druhé milovné bytosti není, zdá se, pro citovou intenzitu vztahu podstatná.[18]

Ostré scénické osvětlení, podobně jako v cyklu *TNF*, propůjčuje postavám dvojí rozměr, jsou zároveň ukazovány ve světle a zároveň samy vyzařují na pozadí všepohlcující temnoty. Lze lépe vizuálními prostředky zformovat směřující poutnickou bytost?

Jinotajná věcnost

„*Oplocená nicota! A přece přelézáme...*“ (Vladimír Holan)

Součástí Pinkavových myšlenkových projekcí jsou vedle postav věcné prvky – artefakty. Buď vytvářejí významové konfigurace s fotografovanými figurami jako atributy (*Noe*, 2002; *Benjamin, miláček rodu...*, 1997), nebo jsou zachycovány samostatně. Váží se volně k širším tematickým okruhům, případně je specificky rozvíjejí či dokreslují. Solitérními náměty, které se v díle Ivana Pinkavy pravidelně po nějakém čase znovu vracejí, jsou potom Vanitas a Memento mori.[19] Často propojují figuru a mrtvý předmět nebo zvěcňují části lidského těla. *Memento mori I* z roku 1993 představuje androgynní hlavu v perspektivní zkratce čnící ze tmy. Její vlasy jsou expresivně rozevláté a připomínají šlehající plameny ohně. Mohou tak odkazovat ke spalovaní jako aktu transformace a očisty. Mladší *Memento mori II* z roku 2001 tvoří jednoznačně mužský model. Holá hlava s ostře řezanou čelistí připomene lebku skrývající se pod kůží prokrvenou naběhlými žílami. Ruce přes okraj podložky jako by imitovaly umdlévající přírodniny na malířských zátiších vanitas. Prst pravé ruky ukazuje dolů, do tmy. Postava v detailu hlavy a ramen se před něčím sklání. Ženská tvář na fotografii *Zora* (1995) přesahuje běžný portrét. Ostře nasvícené výrazné rysy obličeje na pozadí temných vlasů se při koncentrovanějším pohledu mění v obrys lebky. Ke „znamení smrti“ je zde opět velmi blízko. Tak jako v diptychu *Veraikonu* (1999) kombinuje Pinkava tradiční christologickou ikonografii s motivem vanitas, na což upozorňuje moucha umístěná na levé tváři modelu. A činí tak na mnoha dalších místech (například *Ovce*, 2003; *Velká hostina*, 2003). I natolik banální předmět jako *Židle* (2001) v Pinkavově podání náhle levituje. Věc se ocitá mimo prostor, který je přemazáván zrcadlícím se pozadím „jako kdybyste vyplňoval opuštěnost stále přidávanými židlemi“.[20] Na sedací desce je náhle prasklina. Nepatřičnost. Chyba v dokonalosti. Nebo také místo spojené s nějakou skromnou událostí, místo intimní paměti.

Exercicie aneb Duchovní cvičení

„První průprava je přípravou dějiště... vidět místo dějiště“ (Ignác z Loyoly)

Vztah mezi představou a jejím fyzickým ověřením se dotýká spánku, smrti, ale i meditace. Exercicie nejsou nic jiného nežli v čase strukturovanou meditací, neboli duchovním cvičením.[21] Stav okamžitého probuzení v sobě prolíná skutečnost s fikcí. Odtud domnělá podobnost s vytržením, které by se snad mohlo podobat přechodu k jinému vědomí po smrti. Oproti starším fotografiím se vzpřímenými, ostře frontálními figurami (Heroes), je zde kladen důraz na neméně heroickou horizontalitu. Figury a předměty v improvizovaném prostředí leží. Někde se vztahují k přiznanému horizontu, jinde ho popírají. Očekávání a z toho plynoucí napětí spojené s motivem pasivity zde navozuje dojem metafyzické zkušenosti. Autor fotografickými prostředky transcenduje předmětné kategorie spojené s objektivním vnímáním věcnosti. Výmluvný je snímek *Nůž* (2002). Zvlněný horizont ohlašuje nadcházející změnu, jedinec ležící na břiše, s odvráceným zrakem, provádí marné gesto obrany. Naslepo protíná prostor nožem. Nůž se stává divadelní rekvizitou, obrana absurdním úkonem. Na samotných *Exerciciích* již figura zcela absentuje. Zůstávají zde pouze molitanové podložky umisťované vůči horizontu, prázdná prostředí, kde je otištěna paměť těla. Jsou to surově obnažená dějiště. Opuštěná teritoria.

„Idea nějakého já-teritoria je ve skutečnosti ideou fiktivní,“ píše Gabriel Marcel v eseji Přítomnost a nesmrtelnost.[22] Je tu nějakým způsobem postižen rozdíl mezi touhou a nadějí, mezi pocity, které jsou vyvolávány úzkostí z fyzického konce lidské existence. Zatímco touha je vlastnická a upíná se k fyzickému světu forem, „naděje egocentrická není.“[23] Předměty otiskují lidskou přítomnost, která pomíjí a je nahrazována novými zdroji. I předměty samotné stárnou, podléhají času a jsou nahrazovány za nové (zde autorem signifikantně použitý izolační materiál podléhající rozpadu – molitan). Jejich funkce se ovšem nijak zvláště nemění. Vše v pravidelných obměnách trvá. Jde o to odpoutat se od sebe sama, přestat sám sobě stínit. Pokusit se o to, „být ve světle“ a pochopit, že kategorie objektivní a tím pádem definitivní smrti je fikcí, stejně jako opak tohoto tvrzení. Podstatnou zde zůstává otevřená možnost. Svoboda a milost. Přesně o tuto zkušenost se jedná v díle Ivana Pinkavy.

Epilog

„Proto, kdo chce jít se mnou, musí se se mnou namáhat, aby, jako mě následoval v námahách, následoval mě také ve slávě.“ (Ignác z Loyoly)

„Okno otevřelo vítr, který průvanil:
To vaše dění mnoho je a není,
však dění s bytím: zázrak k závidění!
Noc kouřila dějiny, jedla smažená křidýlka
uřezaná z kotníků Merkura
a zapíjela to
potem varhaníka u svaté Tragédie“

(V. Holan, *Noc s Hamletem*)[24]

Poznámky

1 Např. Josef Kroutvor: Skok do tmy, in: Ivan Pinkava: *Dynastie*, Praha, ERM, 1993, s. 8; Tomáš Pospiszyl: Černobílá dekadence: Fotografický svět Ivana Pinkavy po dvaceti letech, *Týden*, roč. 11, 2004, č. 23, s. 96.

2 Martin C. Putna: Znekrásněný svět, in: *Ivan Pinkava – Heroes* (katalog výstavy), Praha, Kant 2004, s. 10. Putna píše přímo o CONCETTU a manýristické emblematice.

3 „Pinkavovy portréty nesou sice jména konkrétních lidí, ale jde spíše o zformování, o vytvoření určité postavy, podobně jako tomu je v divadelním dramatu“, viz Milena Slavická: Kain a Ábel, *Ateliér*, roč. 11, 1998, č. 16–17.

4 Gabriel Marcel: *Přítomnost a nesmrtelnost* (výbor z textů), Praha, Mladá fronta 1998, s. 102–103, překlad Peluška Bendlová.

5 Jedná se o volnou kompoziční parafrázi obrazu Meditace Jana Zrzavého z roku 1915; reprodukováno například in: Karel Srp – Jana Orlíková: *Jan Zrzavý*, Praha, Academia 2003, s. 178, a na stránkách www.artmagazin.eu/galerie-vytvarniku/jan-zrzavy-1890-1977-obrazy-kresby-ilustrace, www.pesek.wz.cz/okrouhlice/cesky/zrzavy.

6 „Tradice je něco, co nebrzdí, ale co naopak umožňuje veliká přemostění... Mírou balancu je tedy pro mne možná právě to, abych se nevzdálil příliš, ale současně, abych měl odvahu zajít co nejdál, kde to začne být teprve zajímavé, kde to začne provokovat myšlení.“ (Ivan Pinkava) in: Lucia Lendelová: Svätý, svätý, svätý. Rozhovor s fotografom Ivanom Pinkavom a výtvarníčkou Dorotou Sadovskou, *Profil*, 2004, č. 3, s. 55.

7 Flagelantská sebeprojekce do utrpení; srov. s další Pinkavovou christologickou kompozicí s dvojznačným názvem *Ó, sladká krvi!* z roku 1995.

8 „Fotografie Ecco, la Luce! je pro mne důležitá jednak kvůli Leonardovi, ale také pro tu smyčku, že její parafrázi namaloval český malíř Jan Zrzavý. Ona je totiž pro mne parafrází až této

parafráze." (Ivan Pinkava) viz pozn. 6, Lendelová L., s. 69.

9 Milena Slavická zmiňuje „genetický program člověka", viz Milena Slavická: Kain a Ábel, *Ateliér* roč. 11, 1998, č. 16–17; srov. Nina Vangeli: Fotograf Pinkava pracuje s magií rodové příbuznosti, *Lidové noviny*, roč. 11, 1998, č. 148, s. 12.

10 Viz: pozn. 6, Lendelová L., s. 59.

11 „Nahotu u svých věcí nevnímám jako odhalení, ale spíše jako jakousi pomůcku pro nalezení čehosi univerzálního a společného nám všem... o nahotu jako takovou mi nejde" (Ivan Pinkava) viz pozn. 6, Lendelová L., s. 57.

12 „Ivan Pinkava neexperimentuje, jeho vyznáním není pokusnictví, nýbrž spiritualita." Josef Moucha: An Ambiguous Aura, Katalog *Theatre of Lost Souls*, Morgantown, West Virginia University 2000, s. 10; srov. pozn. 6, Lendelová L., s. 55, s. 70.

13 Věra Jirousová: Pinkavovy iniciační fotografické obrazy, *Art & Antiques* 7/8, 2004, s. 128–129; viz pozn. 2, Martin C. Putna.

14 Téma sebelásky se objevuje v díle Ivana Pinkavy častěji, viz *Narcis*, 1997; *Polibek*, 2001 ad.

15 „Zde dochází k jakémusi soutoku metapsychické zkušenosti z jedné strany a autonomní reflexe ze strany druhé. Ten pak je (rámec fikce = idea nějakého ‚já-teritoria') s to na rovině spekulativní reflexe uvést v pochybnost postkartesiánskou filosofii, nakolik je tato filosofie soustředěna na *cogito* pojaté v jeho restriktivní formě, zatímco jedině kritika *Já* nám může otevřít cestu k osvobodivé metafyzice." Viz pozn. 4, G. Marcel, s. 101. Srov. „Poranění, náraz, mdloba, několik sklínek lihoviny, dávka opia, trochu kouře stačí k poruše našeho já. I když ho nic neomamuje, není ustavičně při sobě. Často je zapotřebí úsilí, zabrání se do sebe sama, abychom si uvědomili, že to a to se nám děje... Lze říci, že výkonnost tohoto orgánu, jímž okoušíme život a jej na sebe vztahujeme, jest přerušovaná a že, vyjma při bolesti, je přítomnost našeho já pouze rychlým a neustálým střídáním odchodů a návratů.", in: Maurice Maeterlinck, *Smrt*, Olomouc, Votobia 1995, s. 37, překlad Jan Kubišta.

16 Věra Jirousová: Na prahu příběhu..., in: *Ivan Pinkava/ TNF* (katalog výstavy), Praha, Ateliér Josefa Sudka 2002.

17 Markantní především u řádových světců a blahoslavených, kde bývá jejich vzájemné rozlišení nepatrné, pro nezasvěcené takřka nepostřehnutelné, např. u jezuitů, viz Ivana Čornejová: *Tovaryšstvo Ježíšovo. Jezuité v Čechách*, Praha, Mladá fronta 1995.

18 Srov. pozn. 4, G. Marcel, s. 90–91.

19 Memento mori se jmenoval také společný projekt Ivana Pinkavy, Václava Jiráska a Roberta V. Nováka konaný v listopadu 1995 v Galerii Rudolfinum. Věnoval se umělecké dokumentaci Kostnice v Sedlci u Kutné Hory. Viz. Mojmír Horyna: Kostnice v Sedlci. Prostor Triumfu smrti a naděje Vzkříšení, in: *Memento mori/ Fotografie*, Praha, Galerie Rudolfinum 1995.

20 Vladimír Holan: *Toskána*, Praha, Československý spisovatel 1969, s. 68.

21 Sv. Ignác z Loyoly: *Duchovní cvičení*, Řím–Praha, 1990, překlad P. Robert Kunert SJ.

22 Srov. pozn. 15, G. Marcel, s. 101.

23 Srov. pozn. 4, G. Marcel, s. 91.

24 Vladimír Holan: *Noc s Hamletem*, Praha, Československý spisovatel 1969, s. 16.

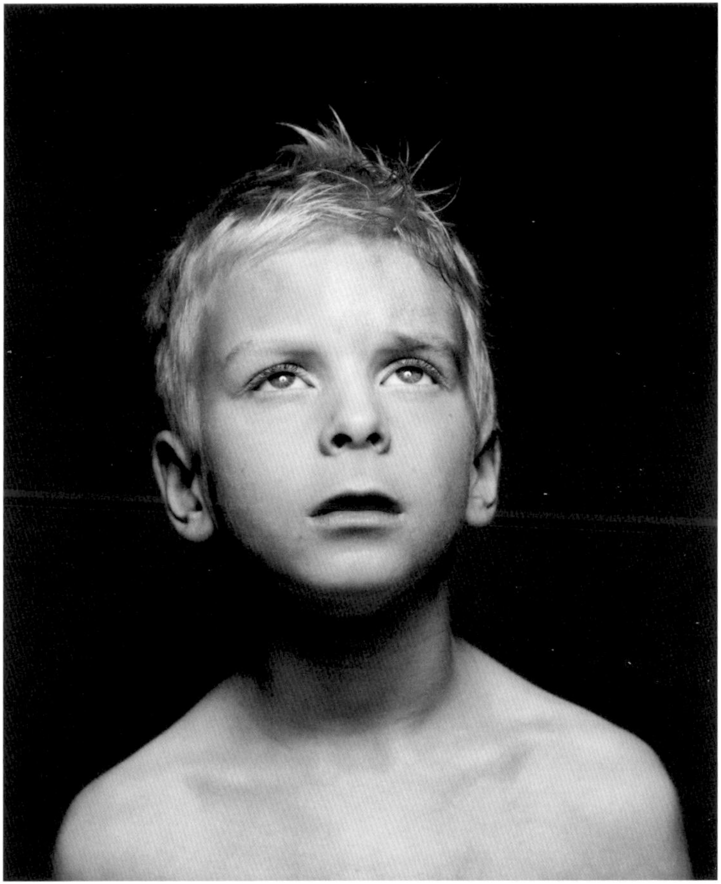

1 **Revelation / Zření** 2009

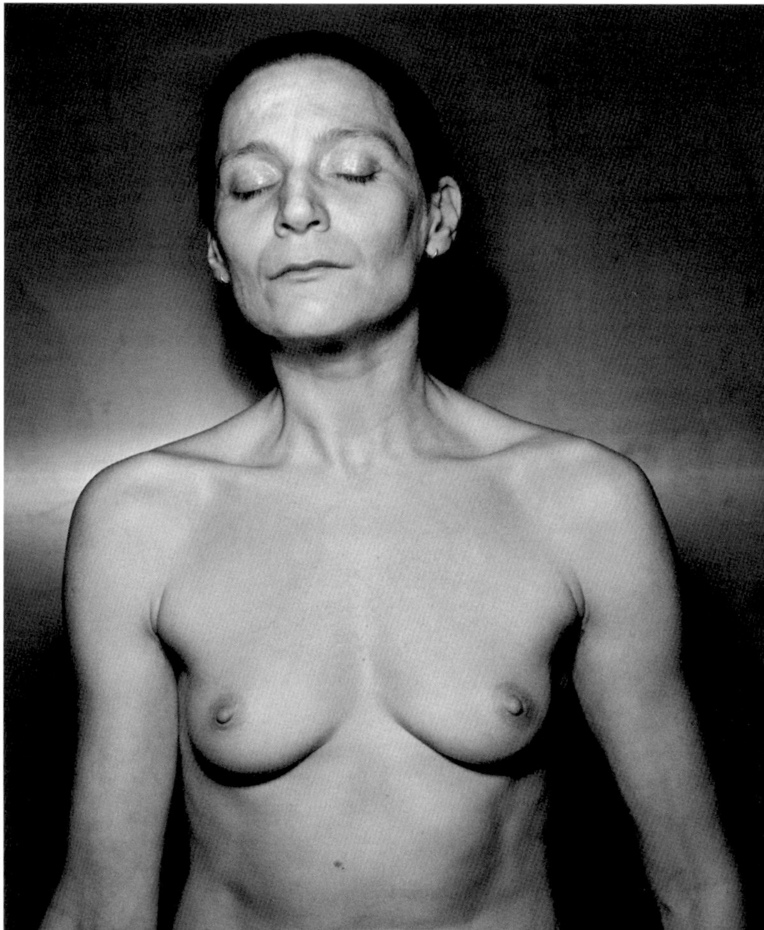

2 **Portrait for Sylvia Plath / Portrét pro Sylvii Plathovou** 1986

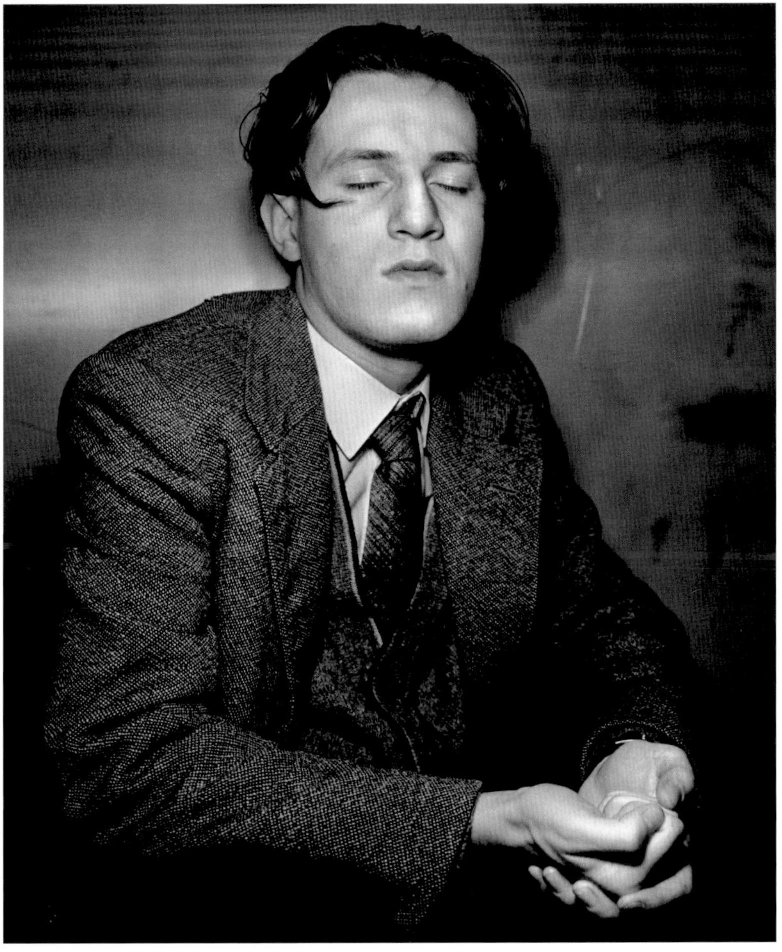

3 **Portrait for Vladimir Mayakovsky / Portrét pro Vladimira Majakovského** 1986

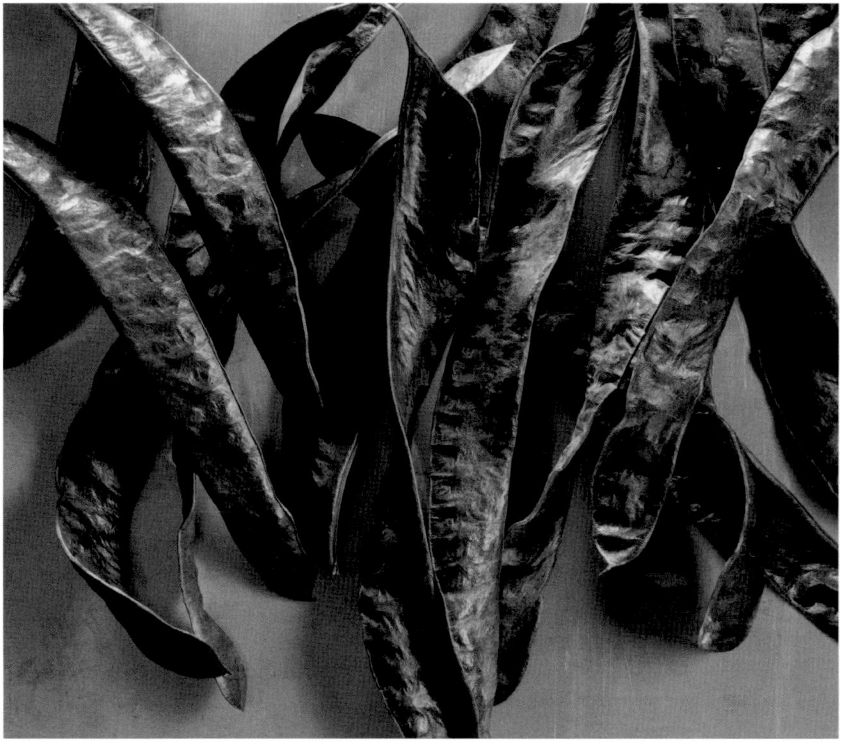

4 **Vanitas** 1995

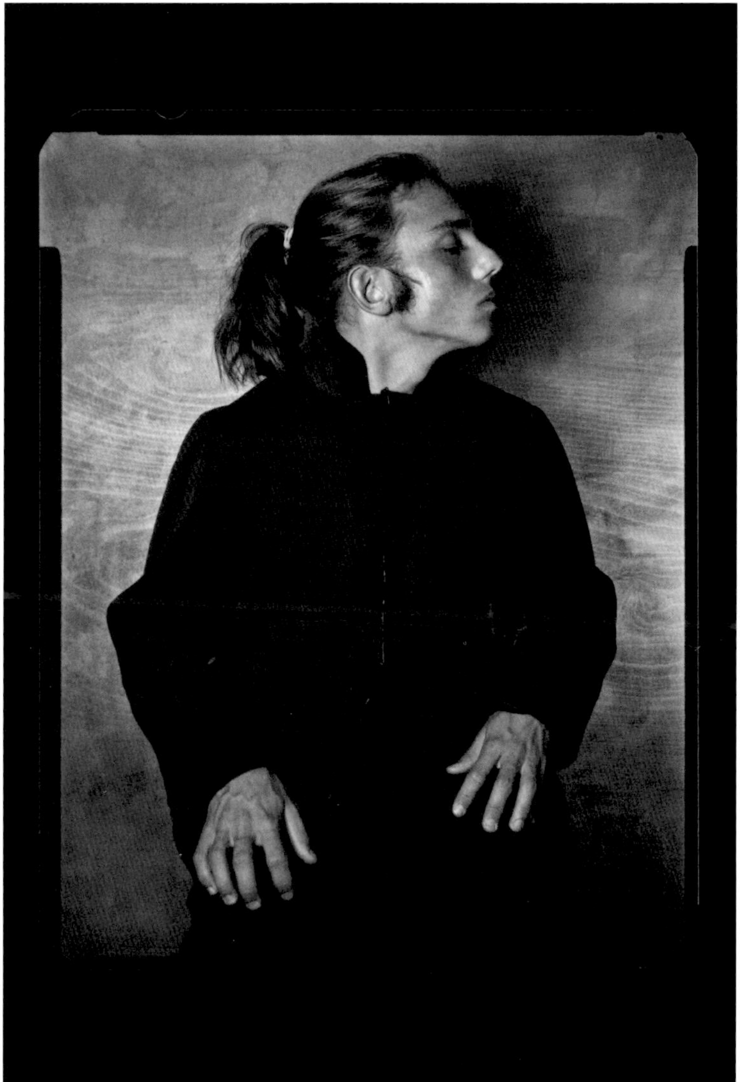

5 **David** 1992

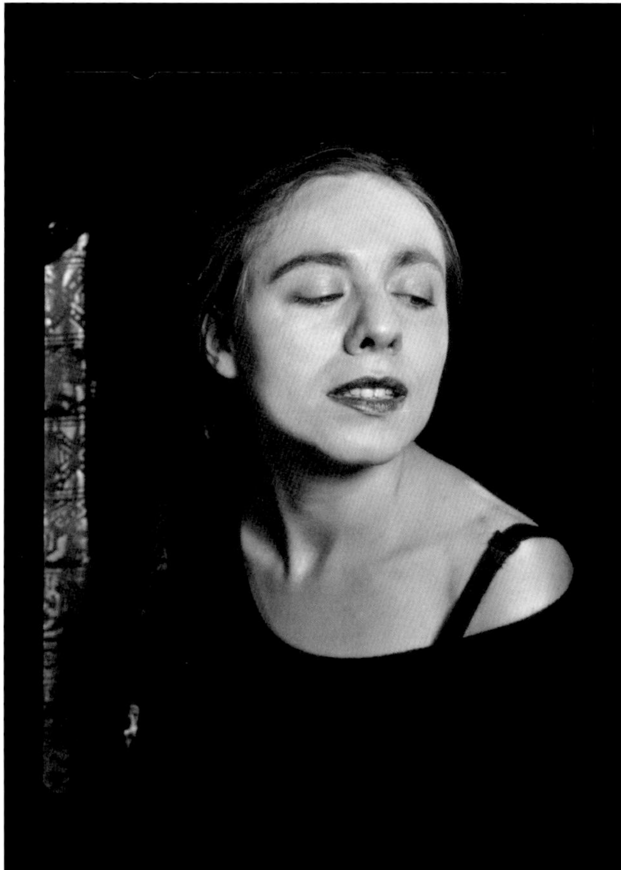

6 **Martina Kudlacek** 1992

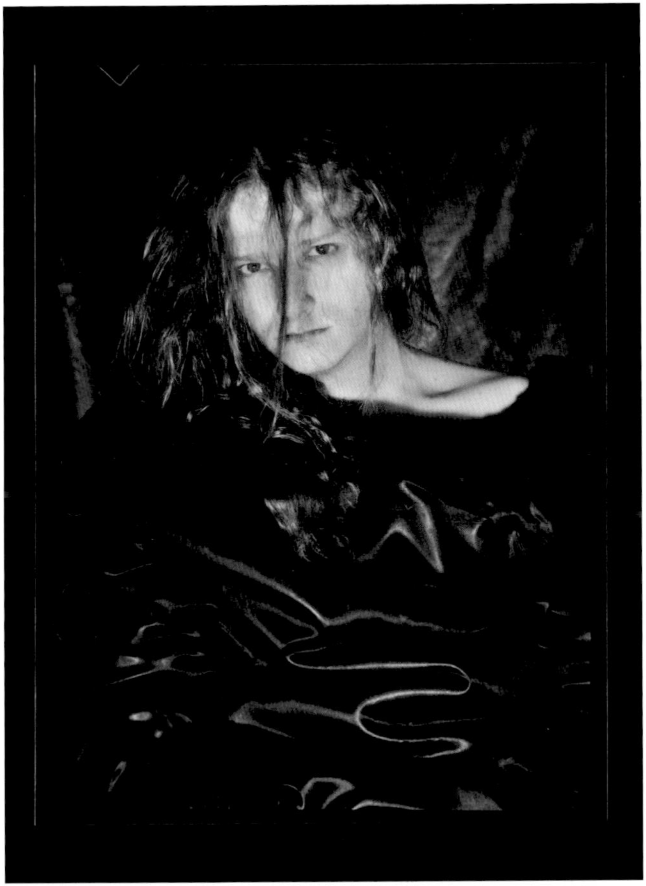

7 **No title / Bez názvu** 1989

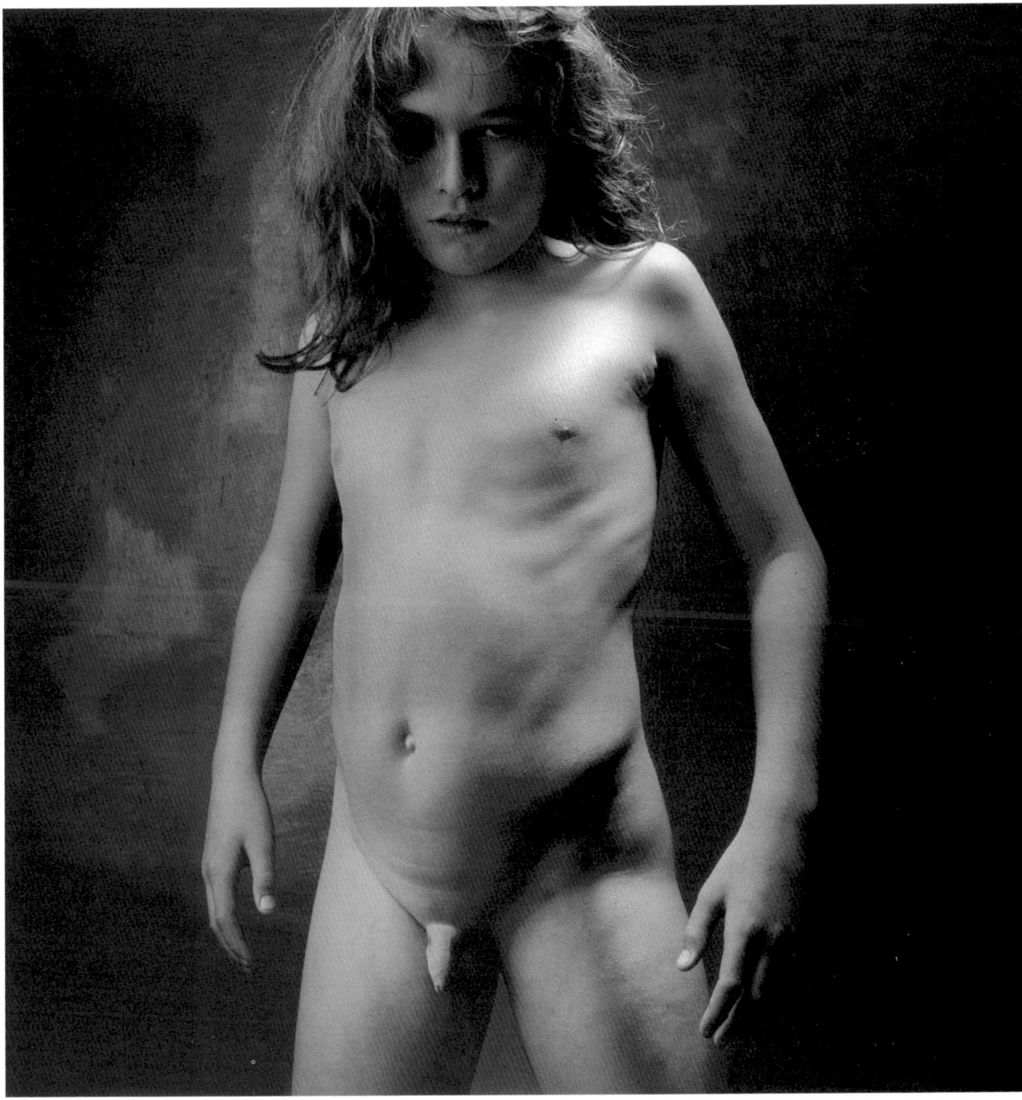

8 **Son / Syn** 1990

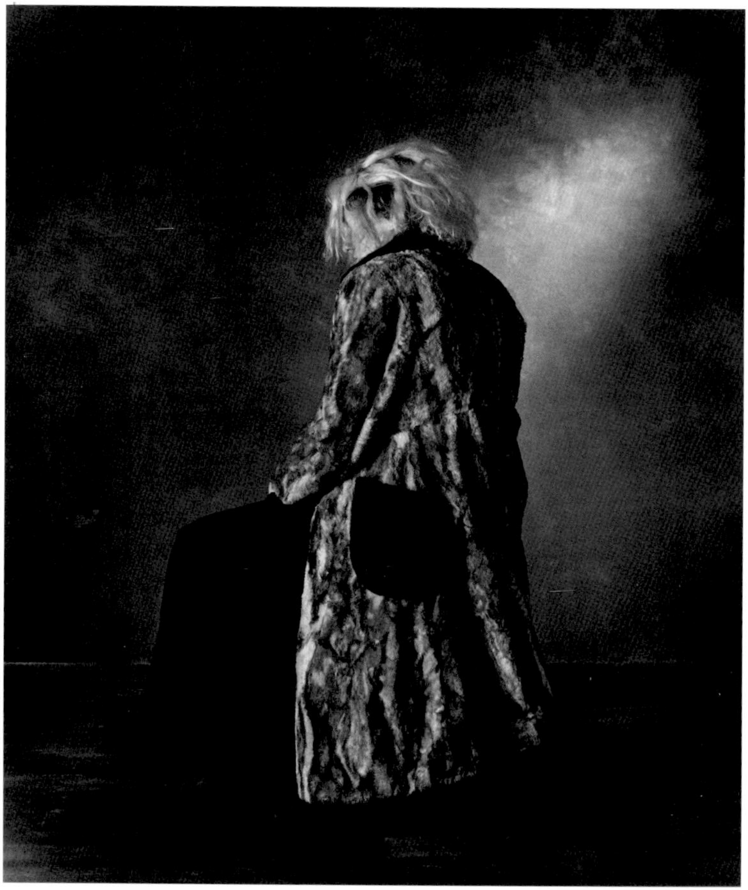

9 **Persona** 1993

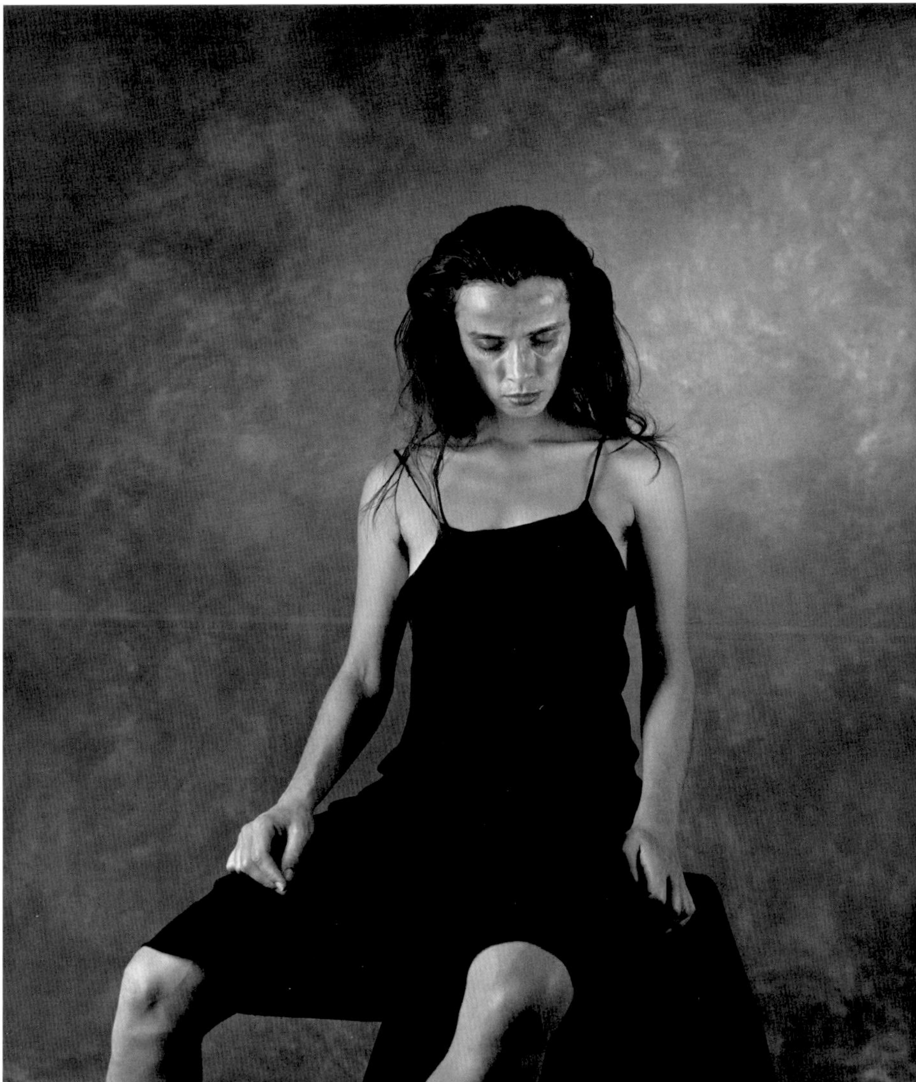

10 **From the *Dynasty* series / Z cyklu Dynastie** 1991

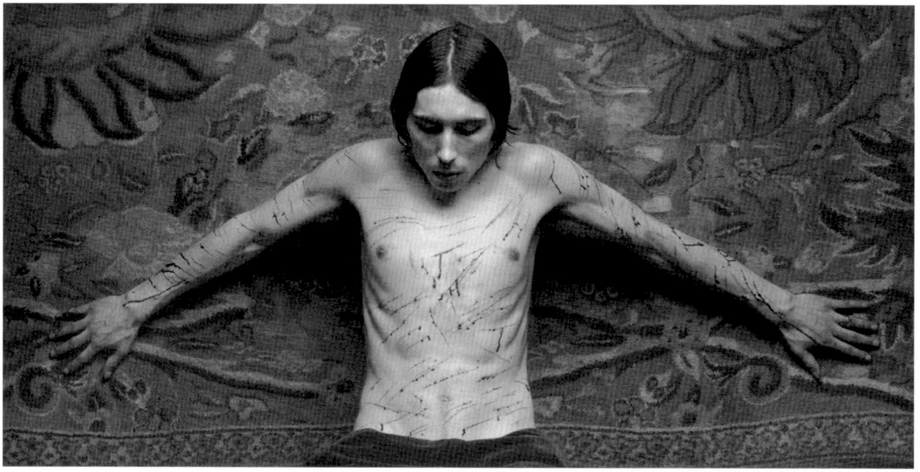

11 **O Sweet Blood! / Ó sladká krvi!** 1995

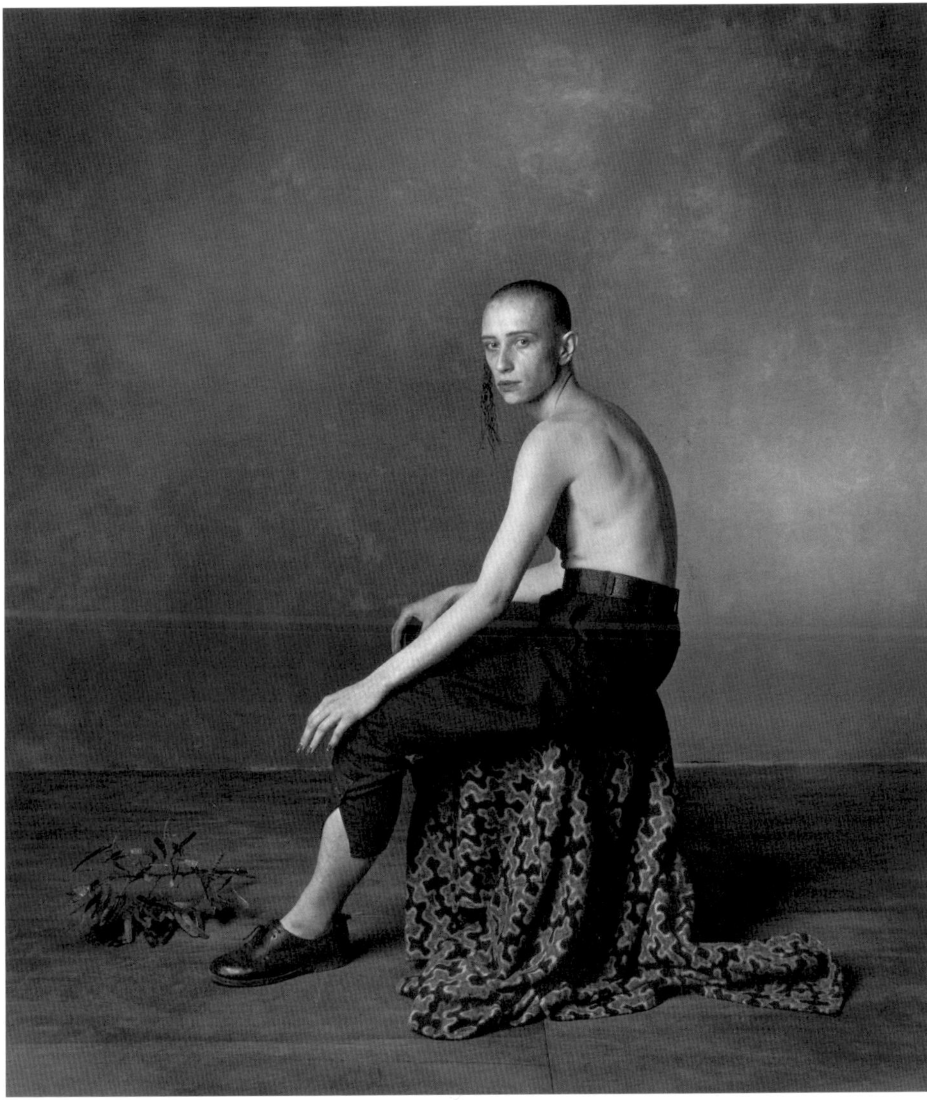

12 **No title / Bez názvu** 1993

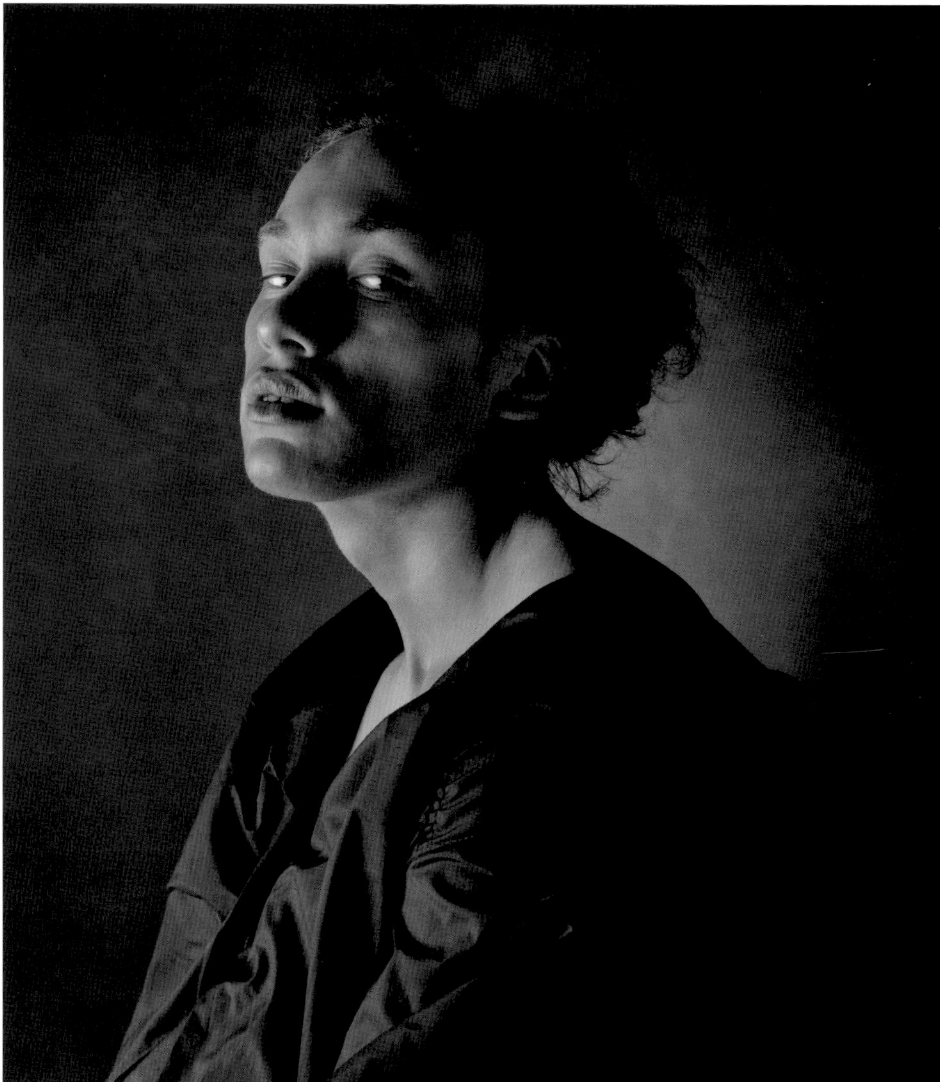

13 **Head of a Young Man / Hlava mladého muže** 1993

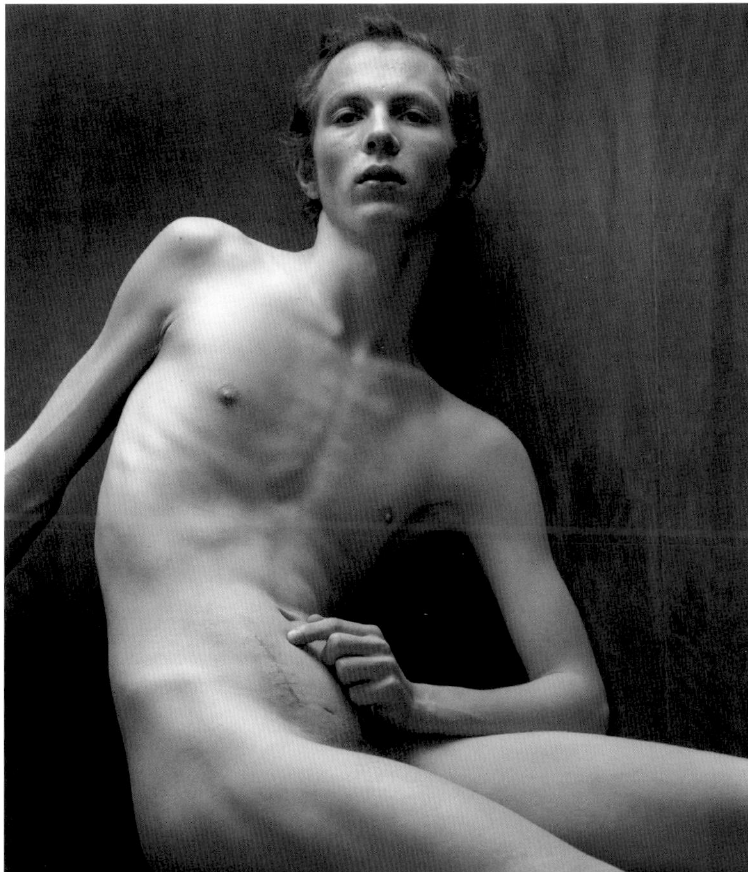

14 **Bodily Wounds / Rány těla** 1993

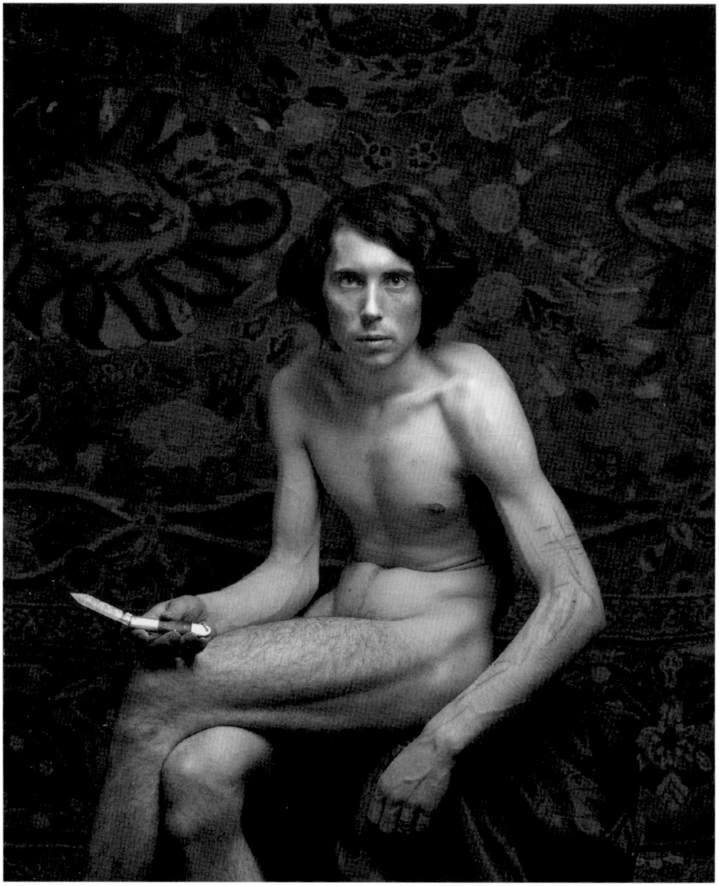

15 **With His Own Knife / Se svým nožem** 1995

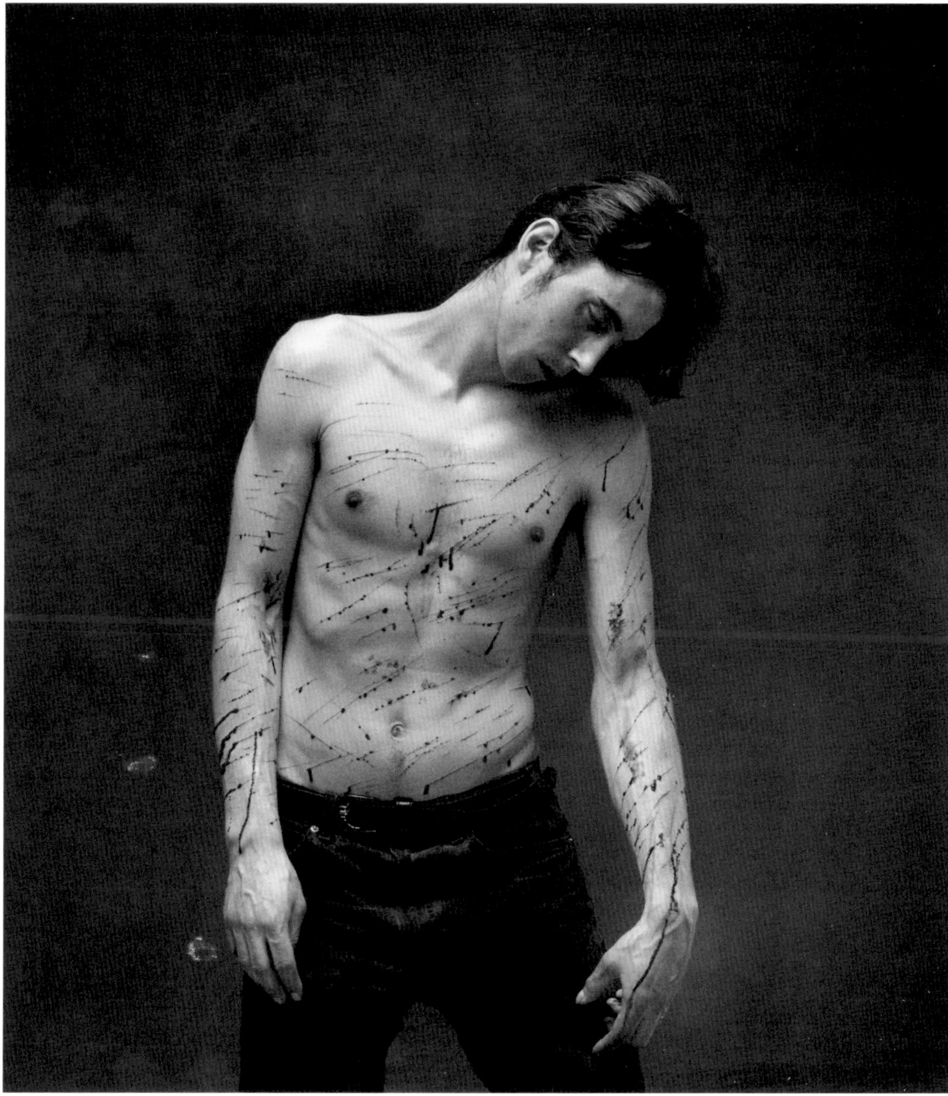

16 **O Sweet Blood! / Ó sladká krvi!** 1995

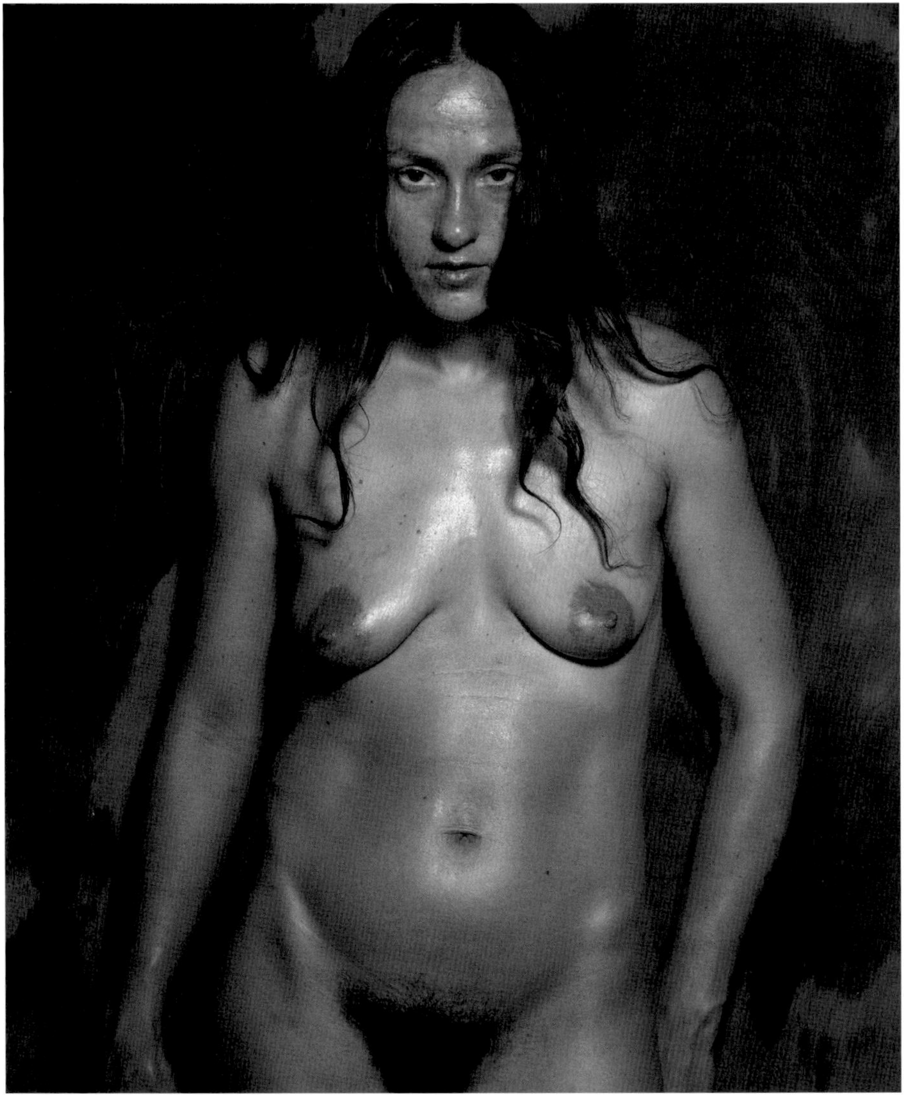

17 **Eve / Eva** 1994

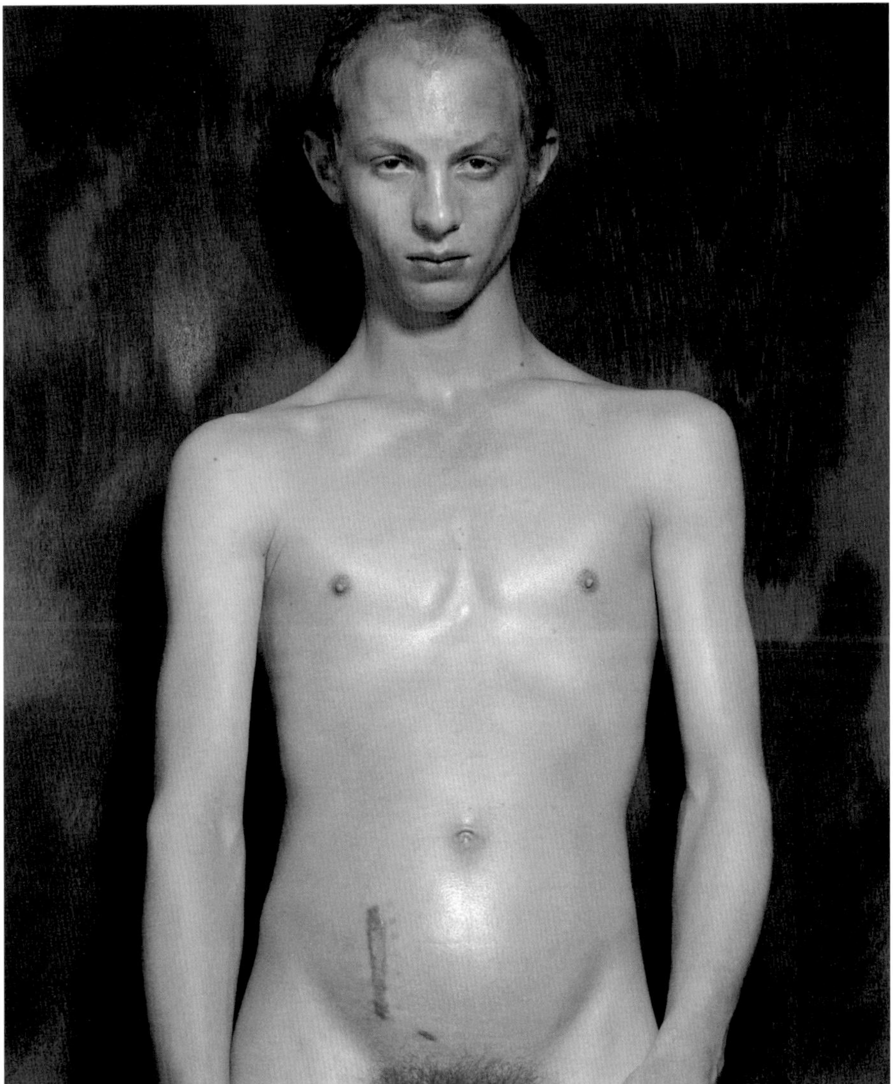

18 **Adam** 1994

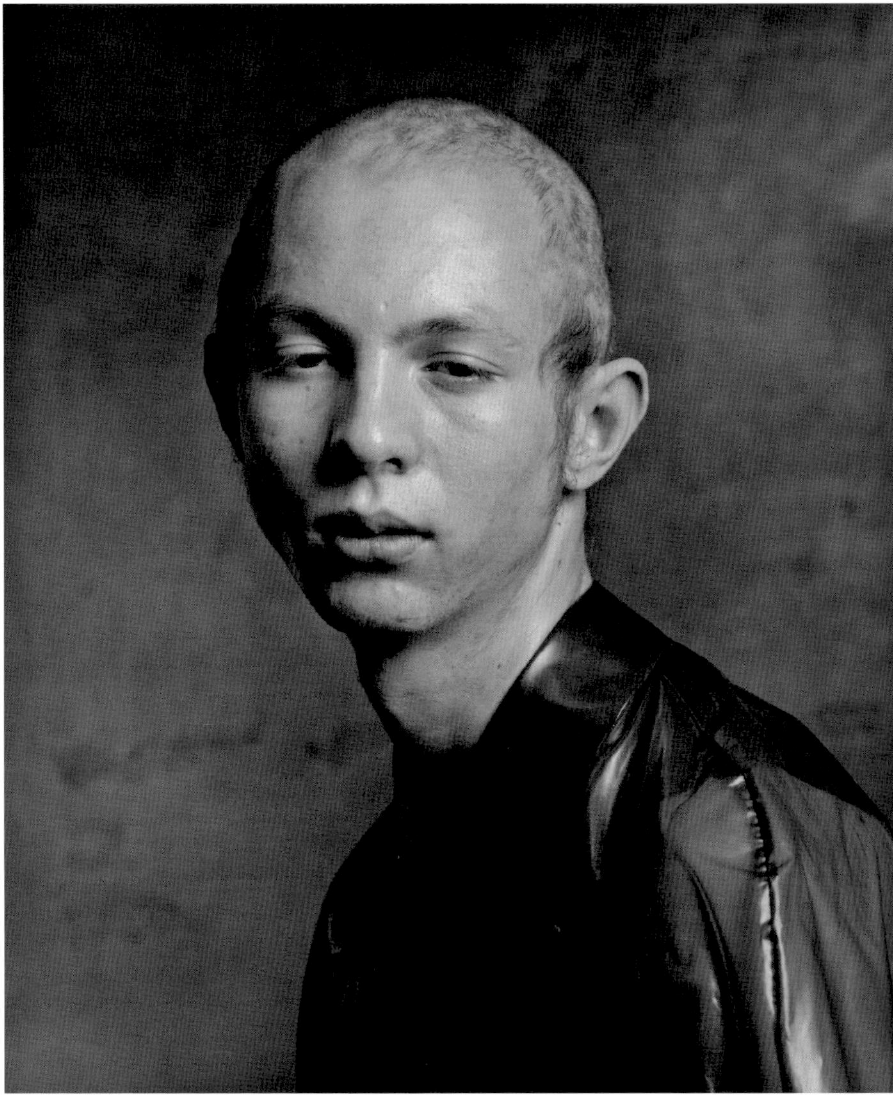

19 **Radouane Hadj Moussa** 1994

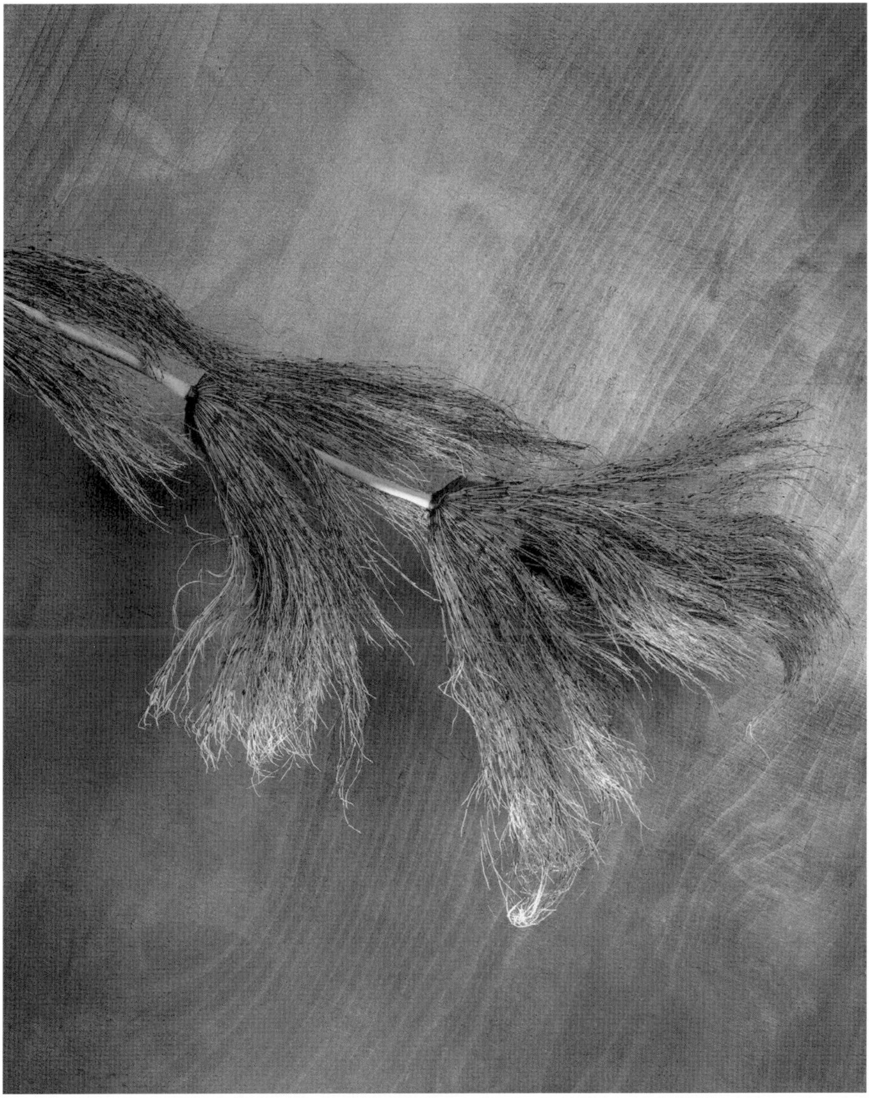

20 **Vanitas** 1995

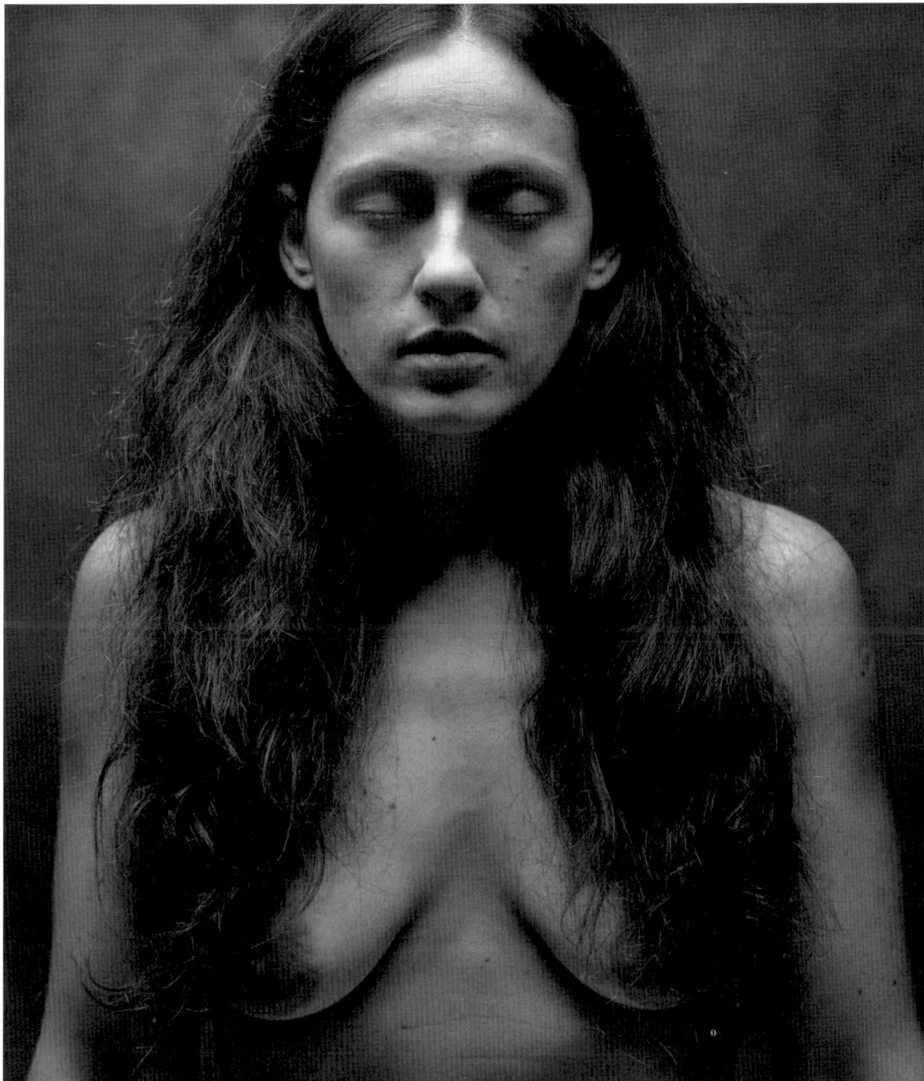

21 **Zora** 1995

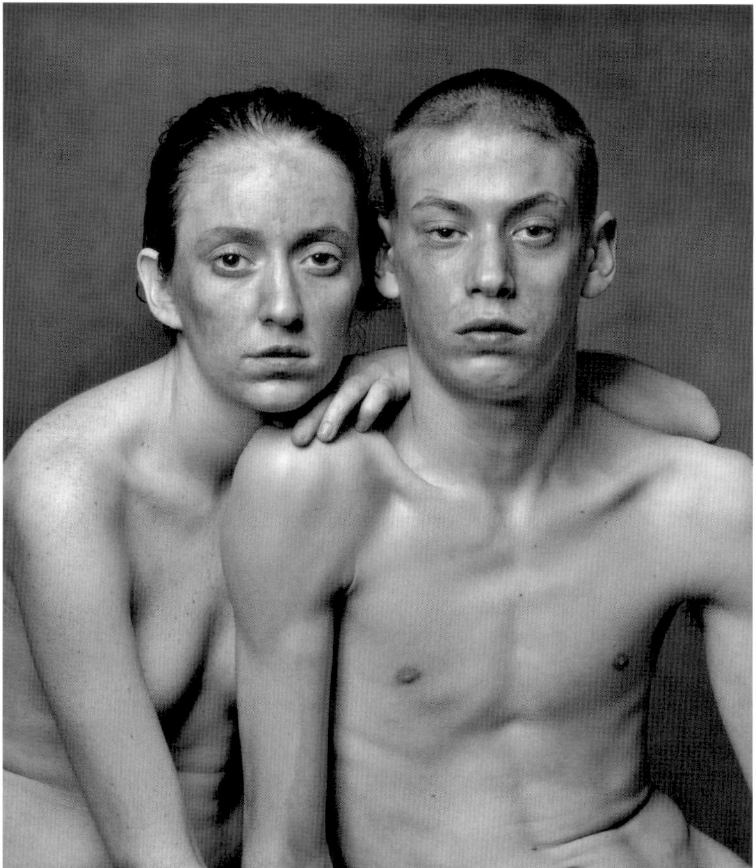

22 **Brother and Sister / Bratr a sestra** 1996

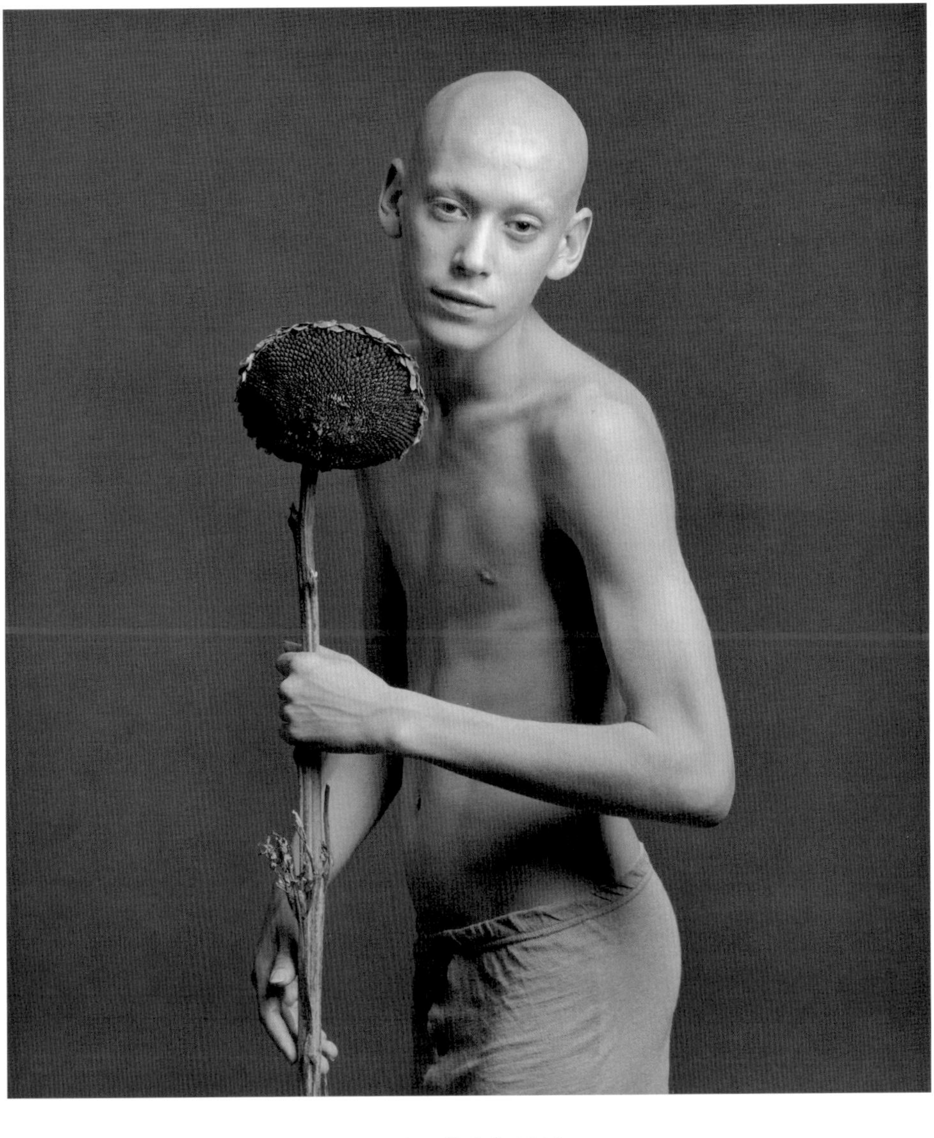

23 **Boy with Sunflower / Chlapec se slunečnicí** 1997

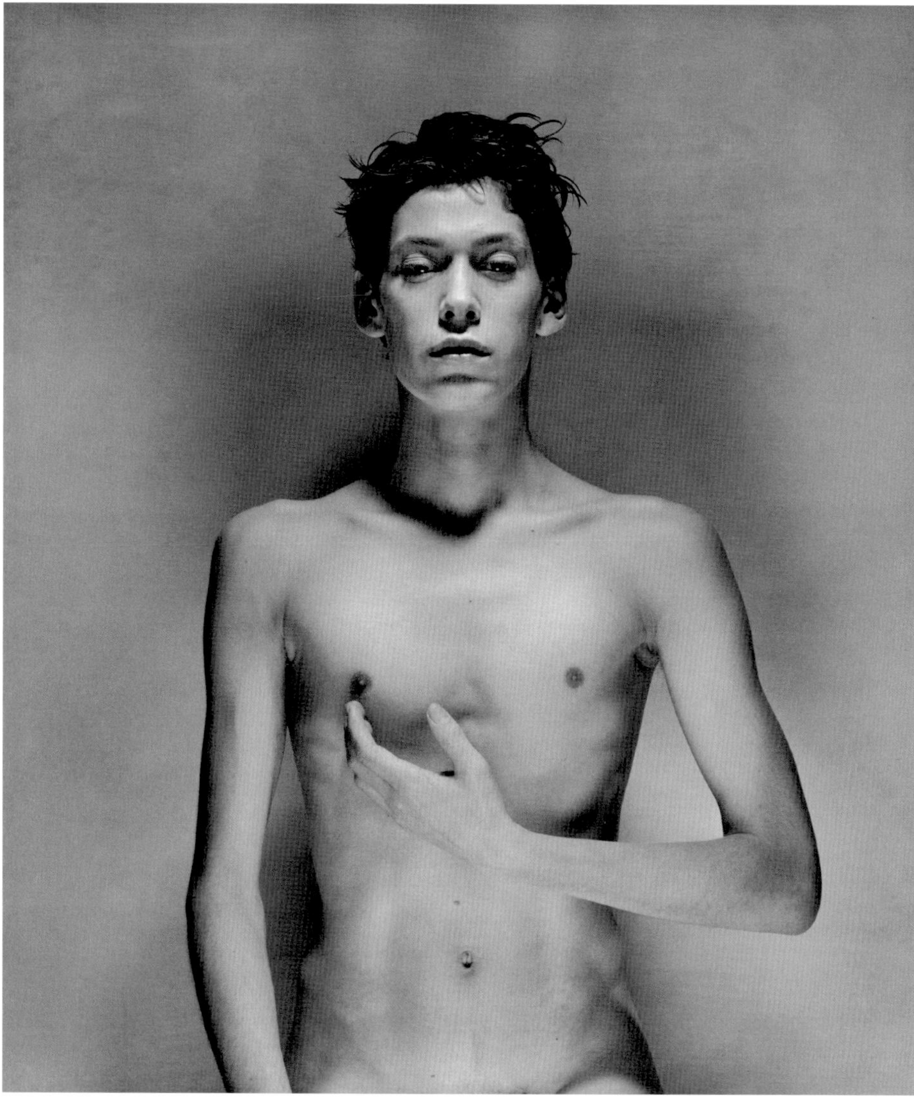

24 **The Annunciation / Zvěstování** 1998

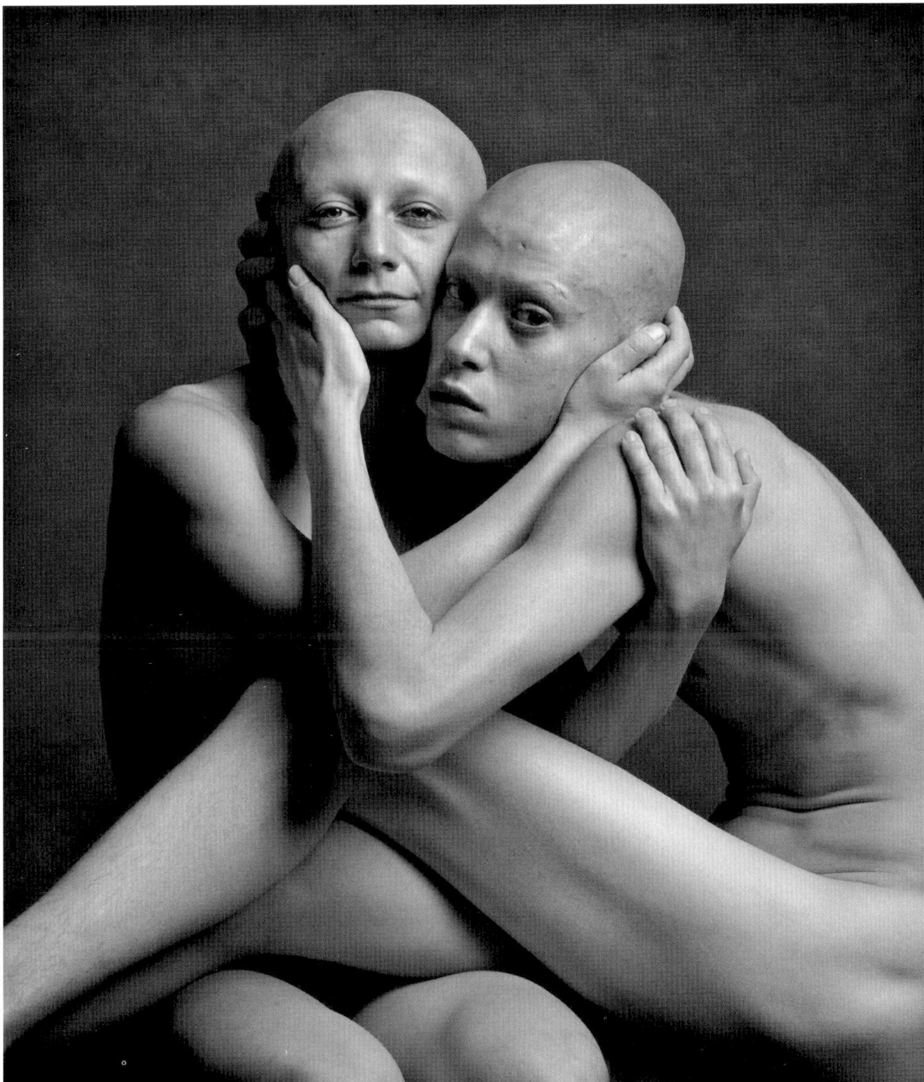

25 **Pietà** 1997

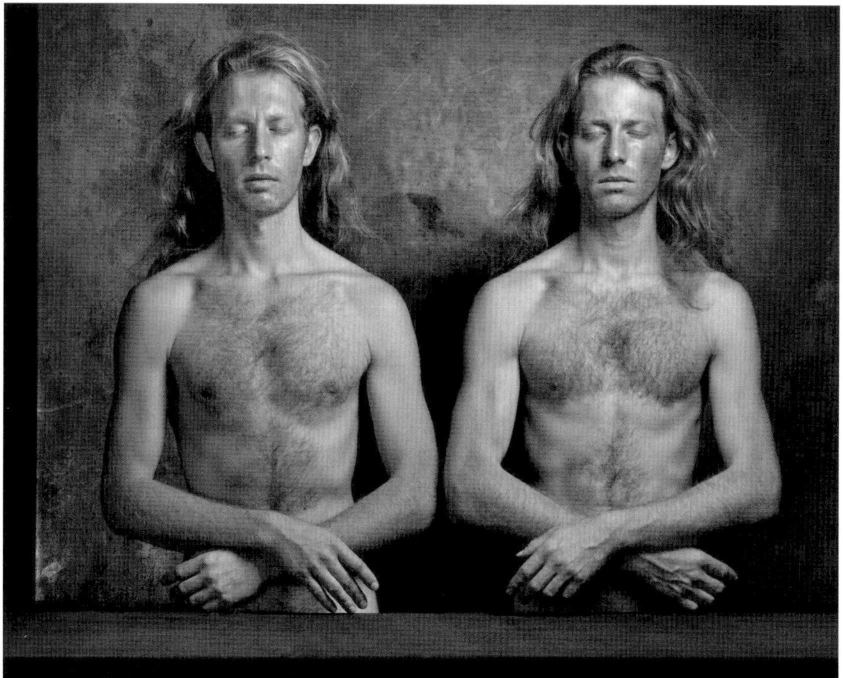

26 **Tomáš and David Medek / Tomáš a David Medkovi** 2000

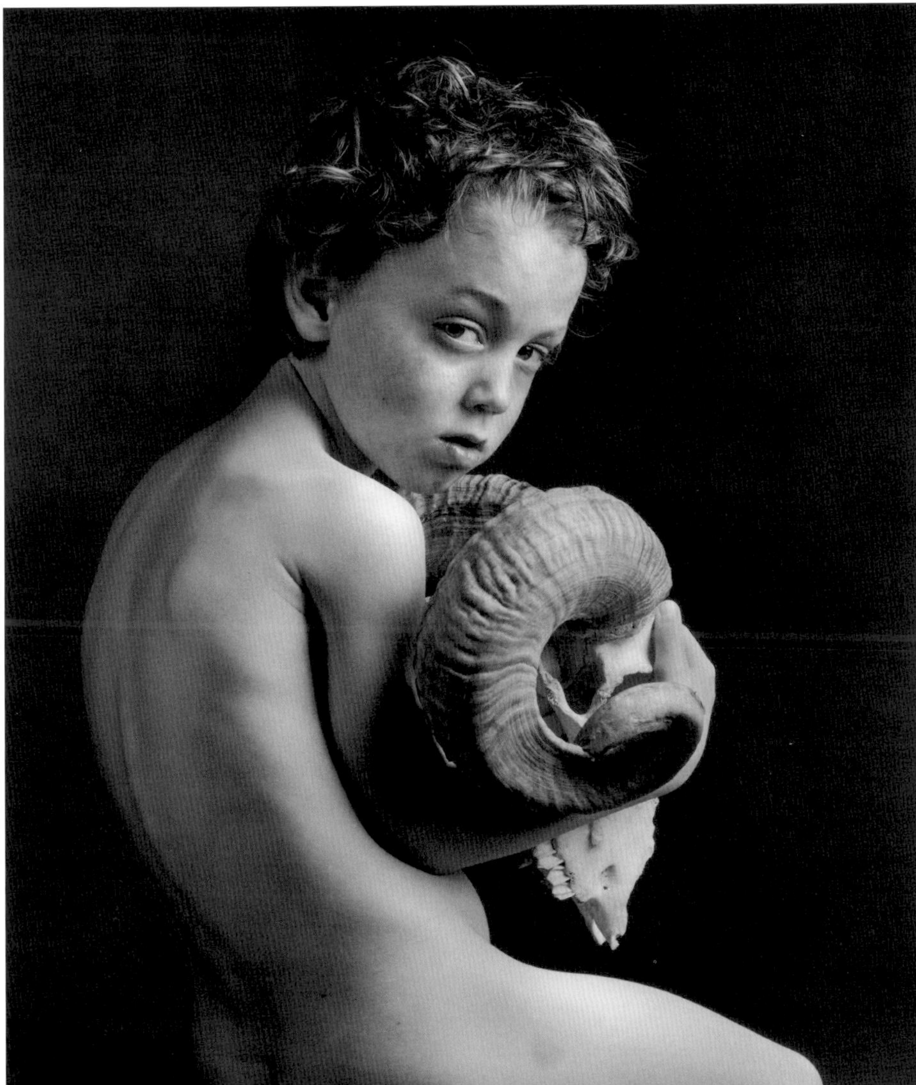

27 **The Lamb of God, the End of Time... / Beránek Boží, konec věků...** 1996

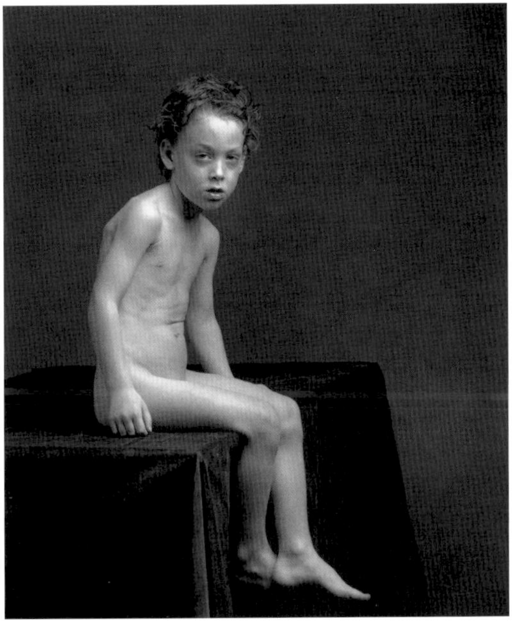

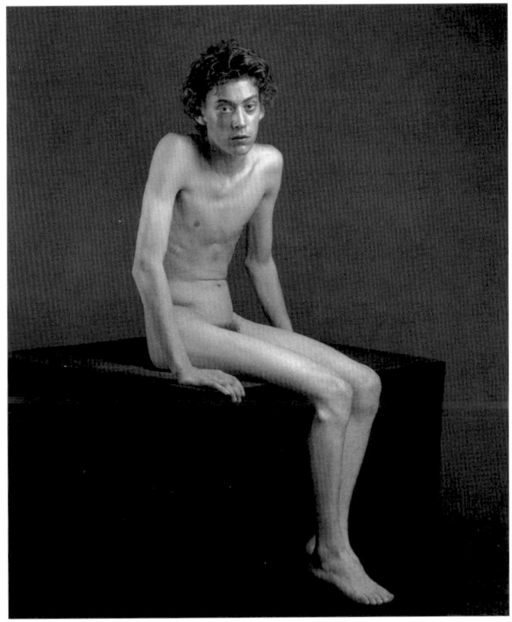

28 **Little Charon / Malý Charón** 1996

29 **Adult Charon / Velký Charón** 1997

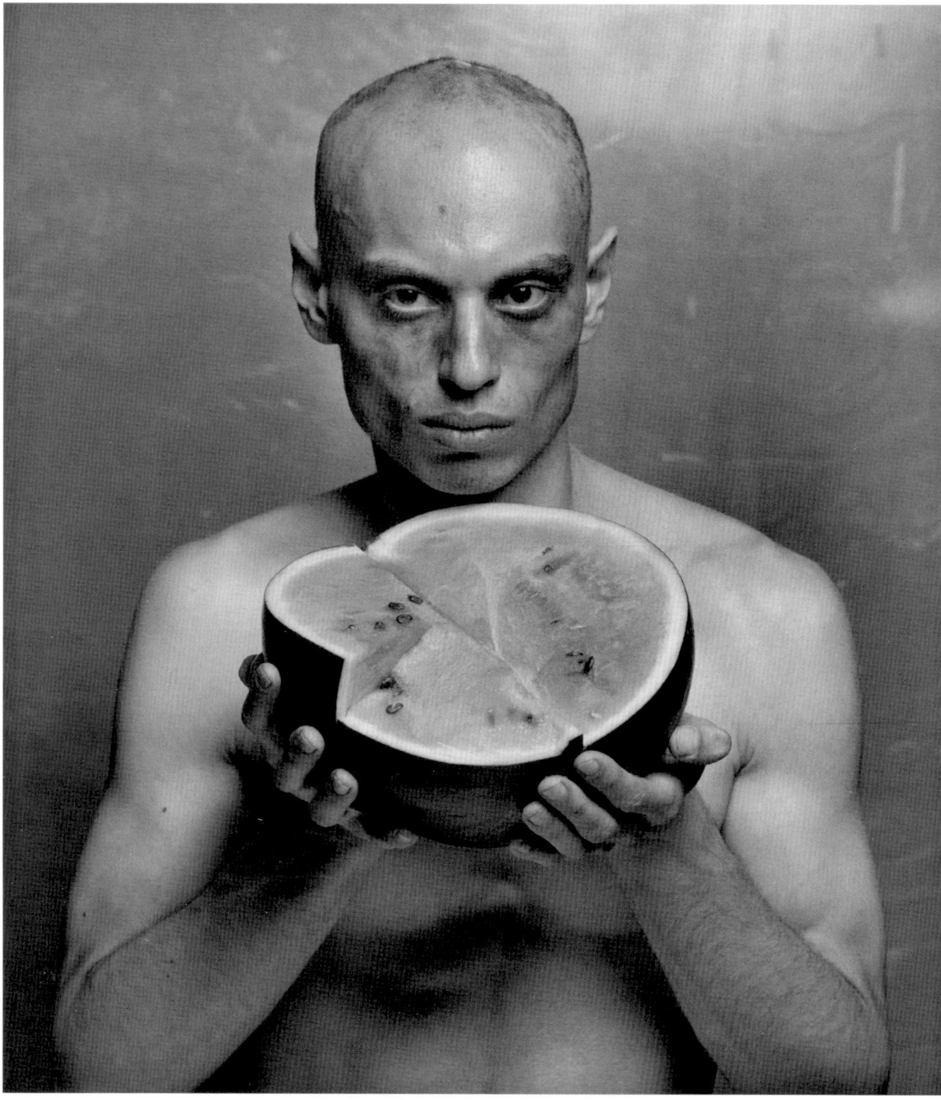

30 **Advocatus Diaboli** 1999

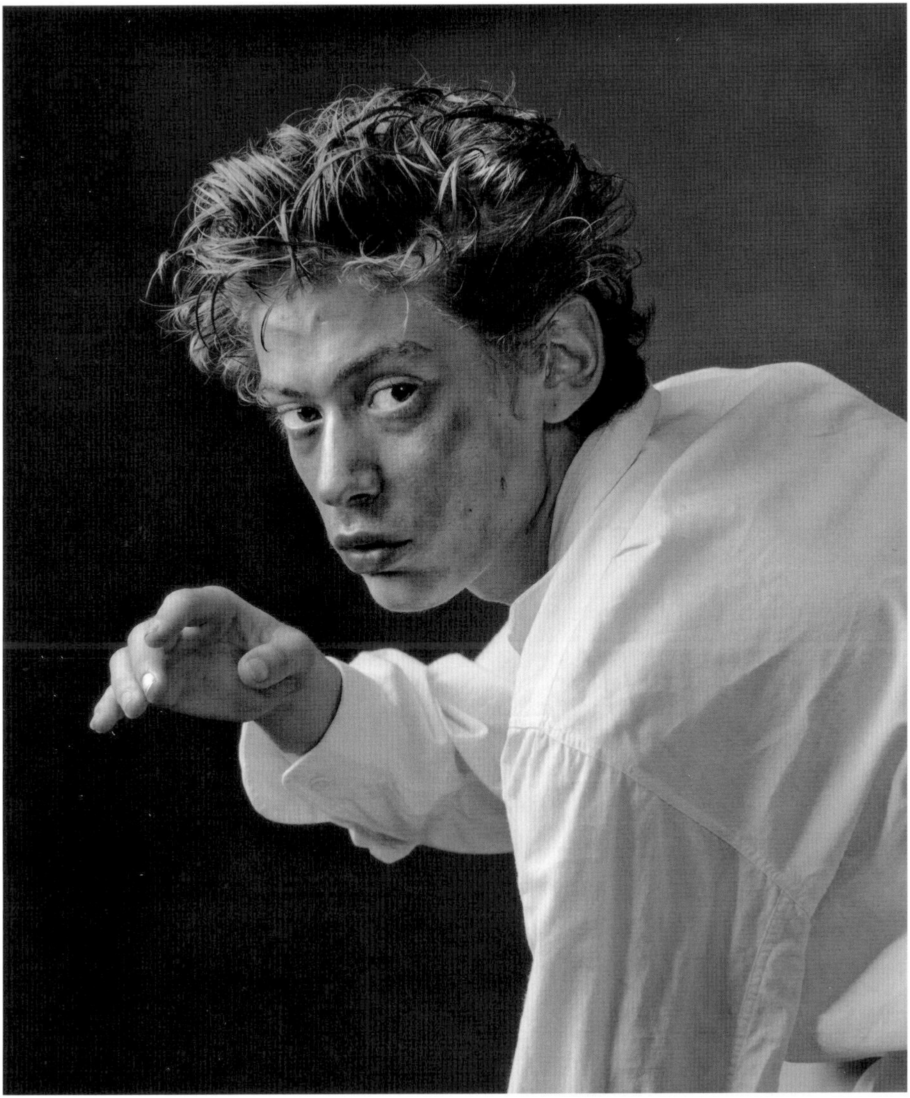

31 **No title / Bez názvu** 1997

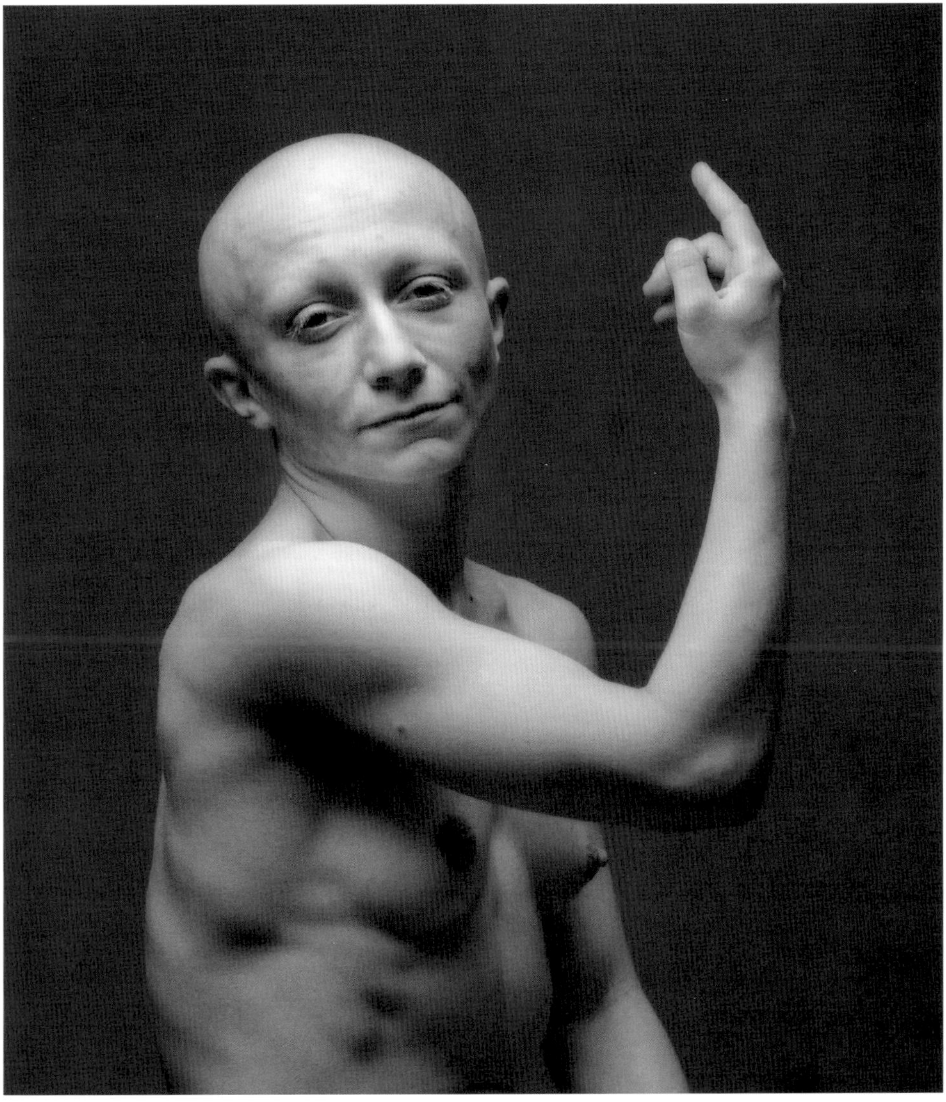

32 **Ecco, la Luce!** 1996

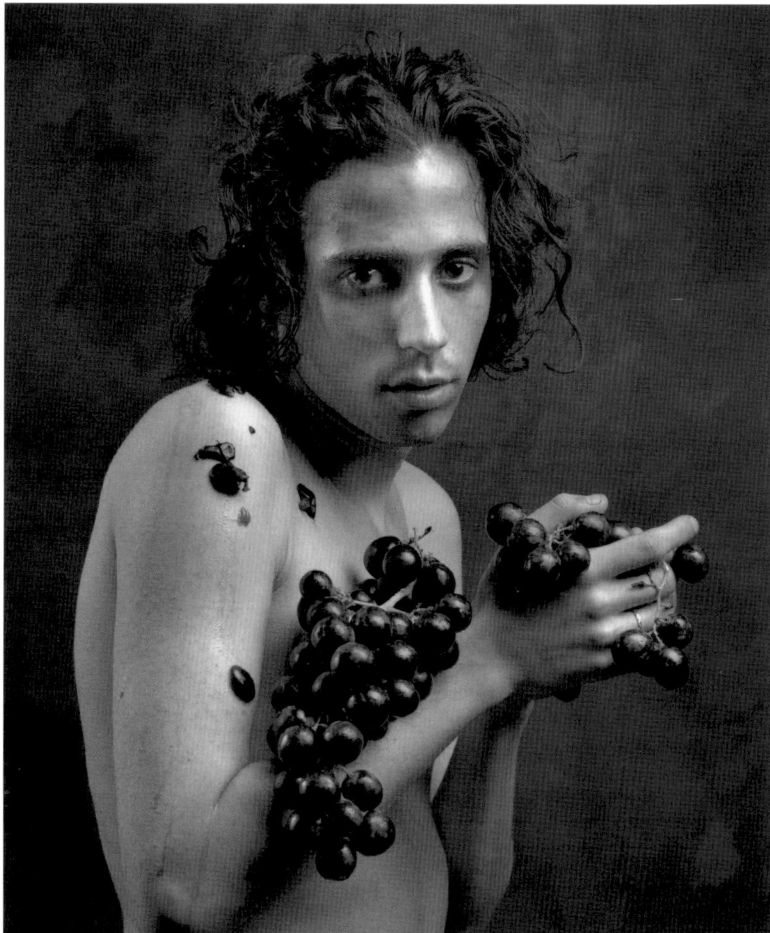

33 **His First Sip / Jeho první víno** 1995

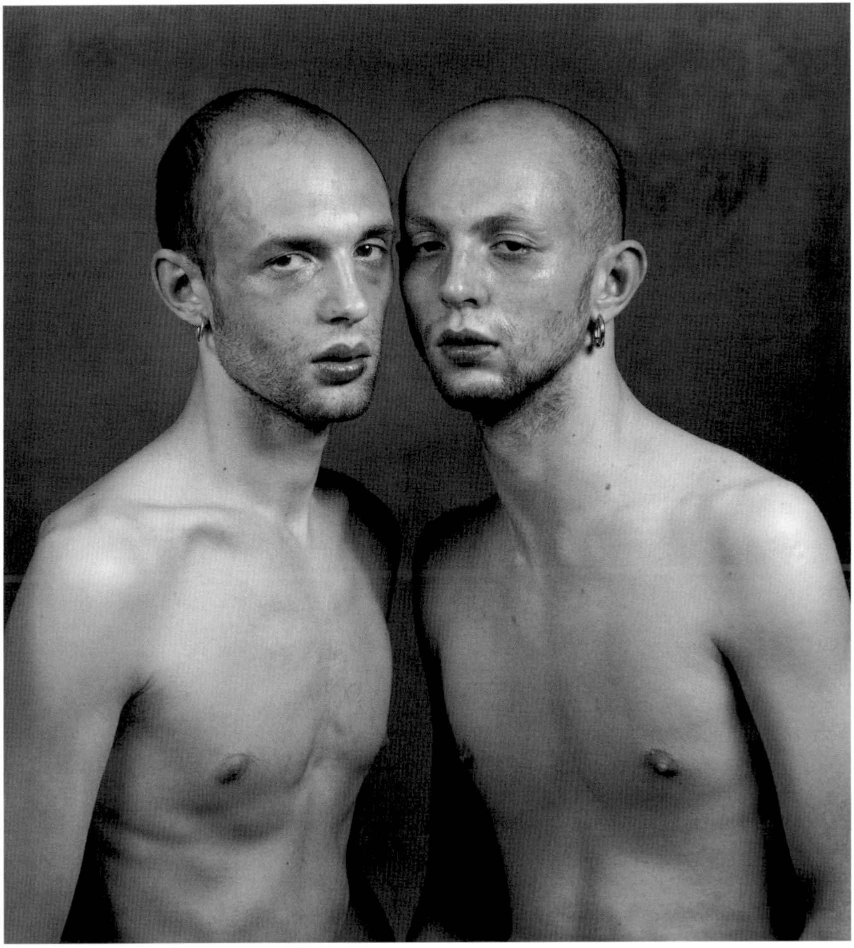

34 **Abel and Cain / Ábel a Kain** 1998

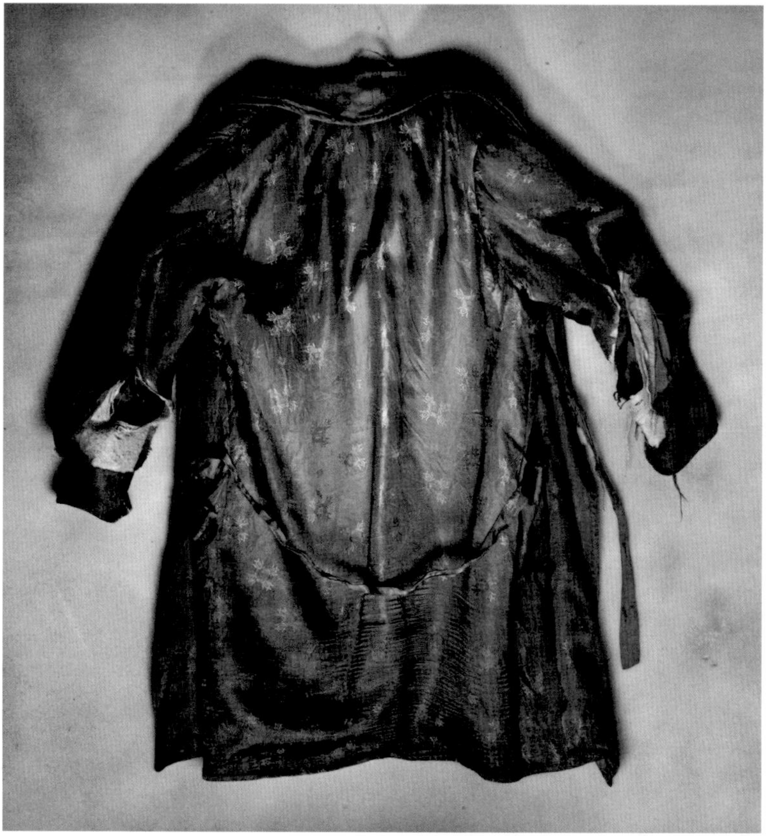

35 **J. H. Krchovský, remains / J. H. Krchovský, ostatky** 2003

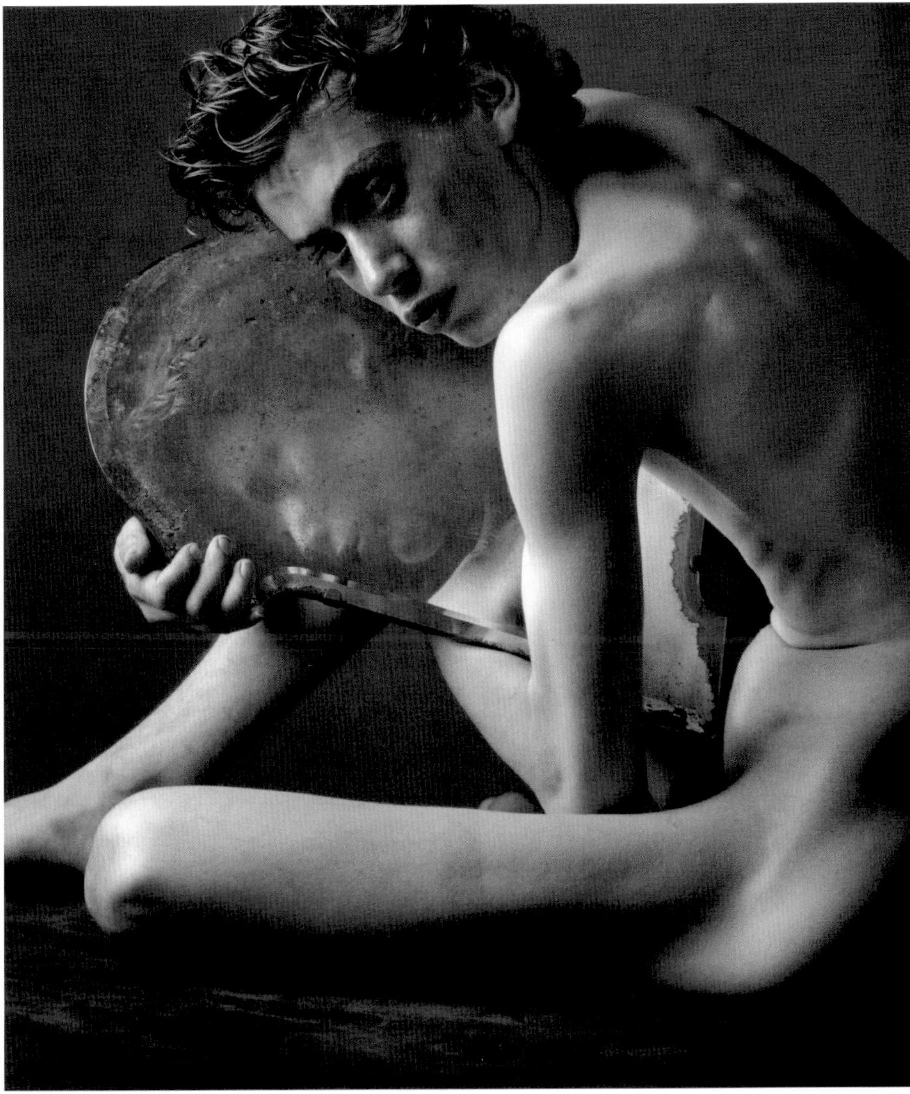

36 **Narcissus / Narcis** 1997

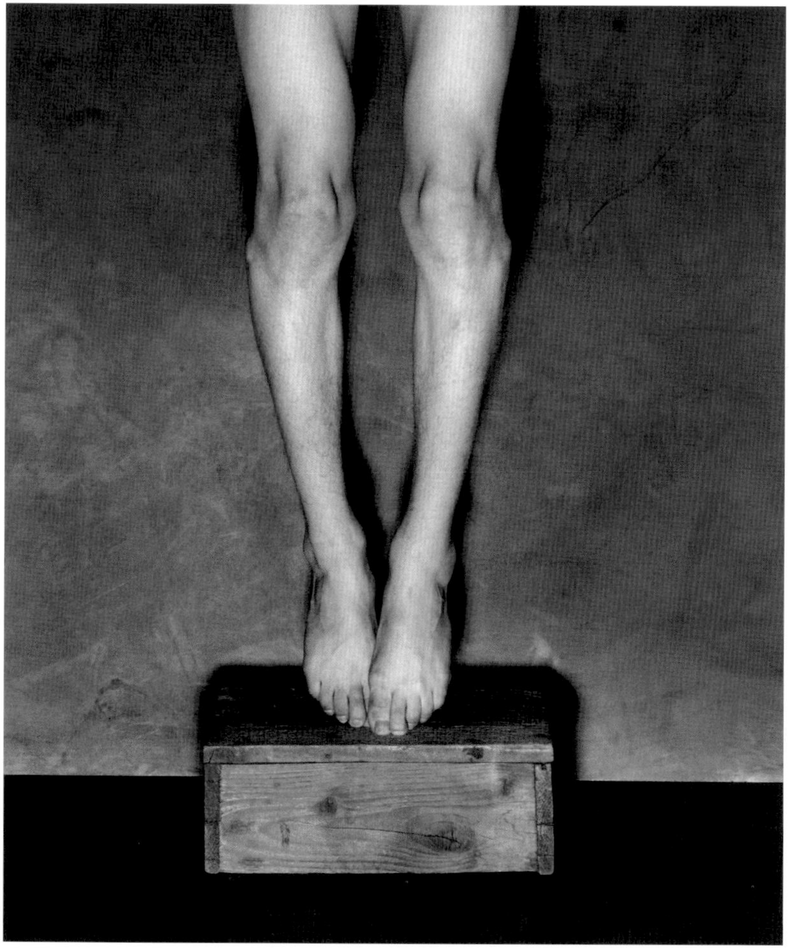

37 **They Shall Look on Him Whom They Pierced / A potom poznají, koho probodli...** 1997

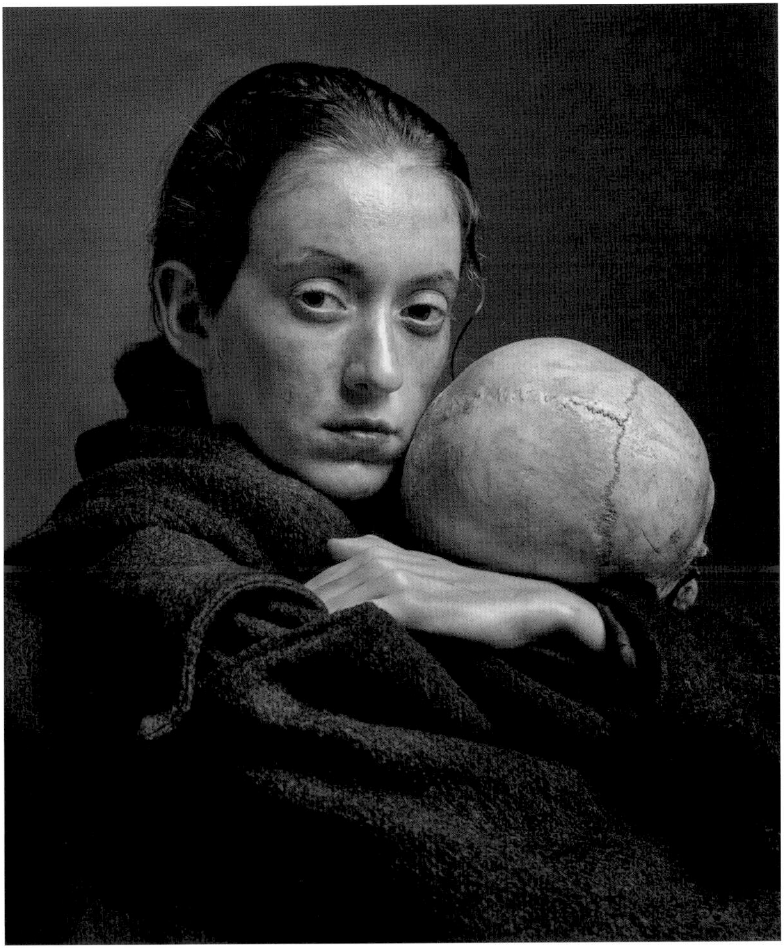

38 **Salome** 1996

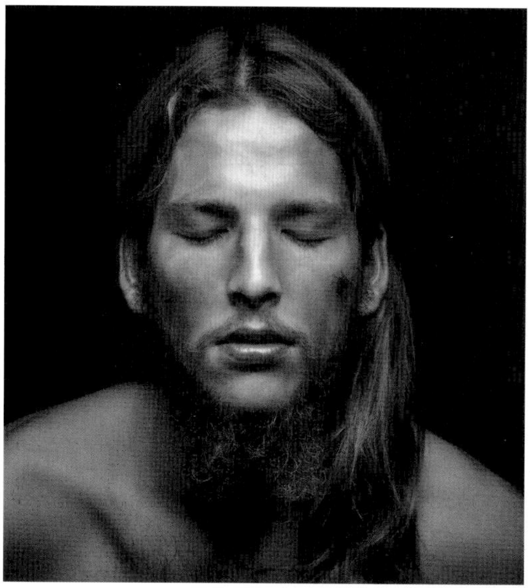

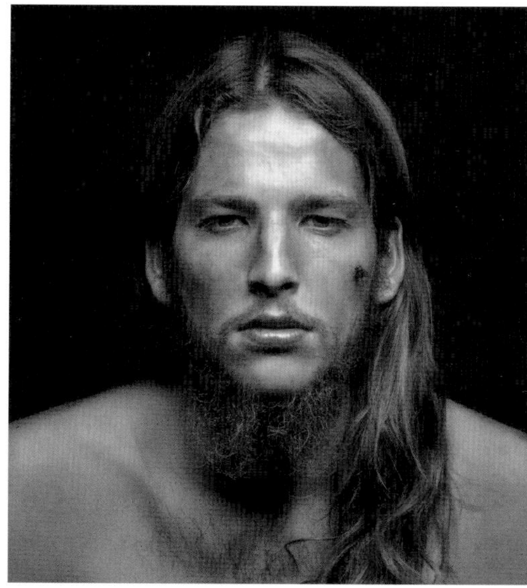

39 **Vera icon / Veraikon** 1996

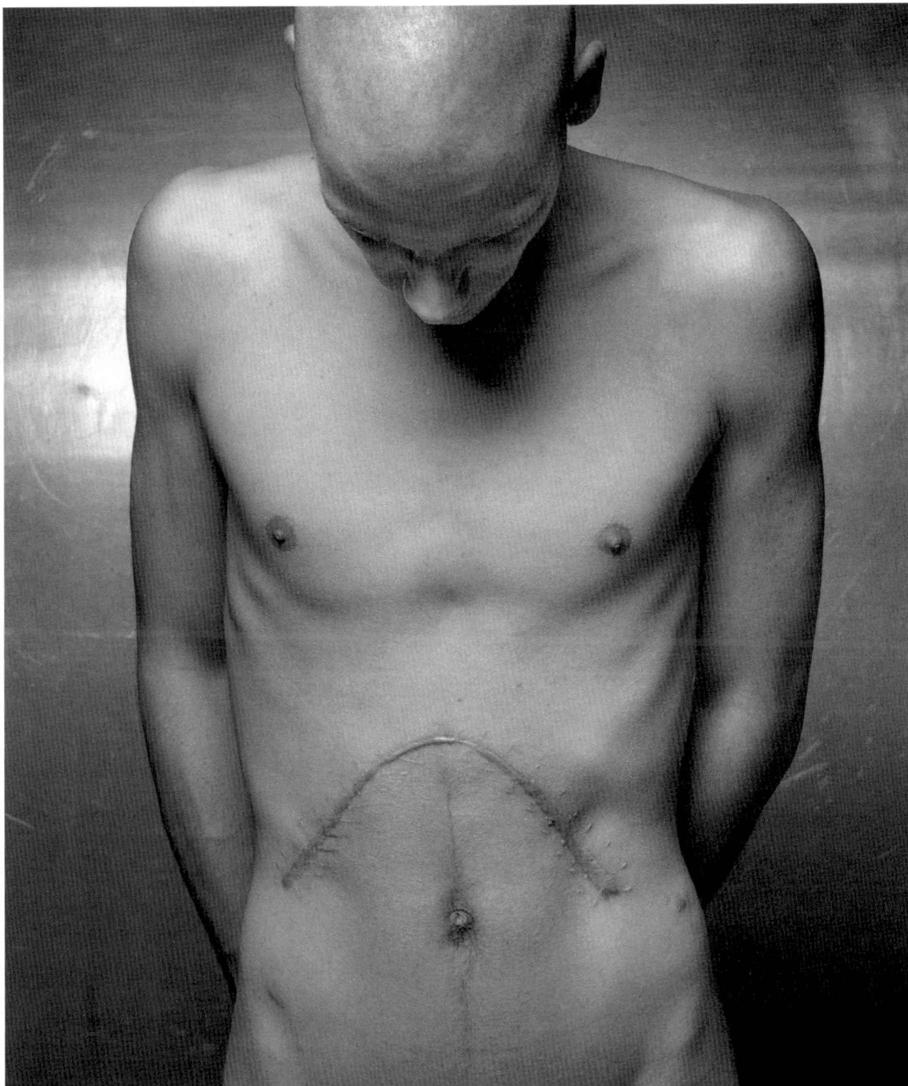

40 **Scar / Jizva** 1999

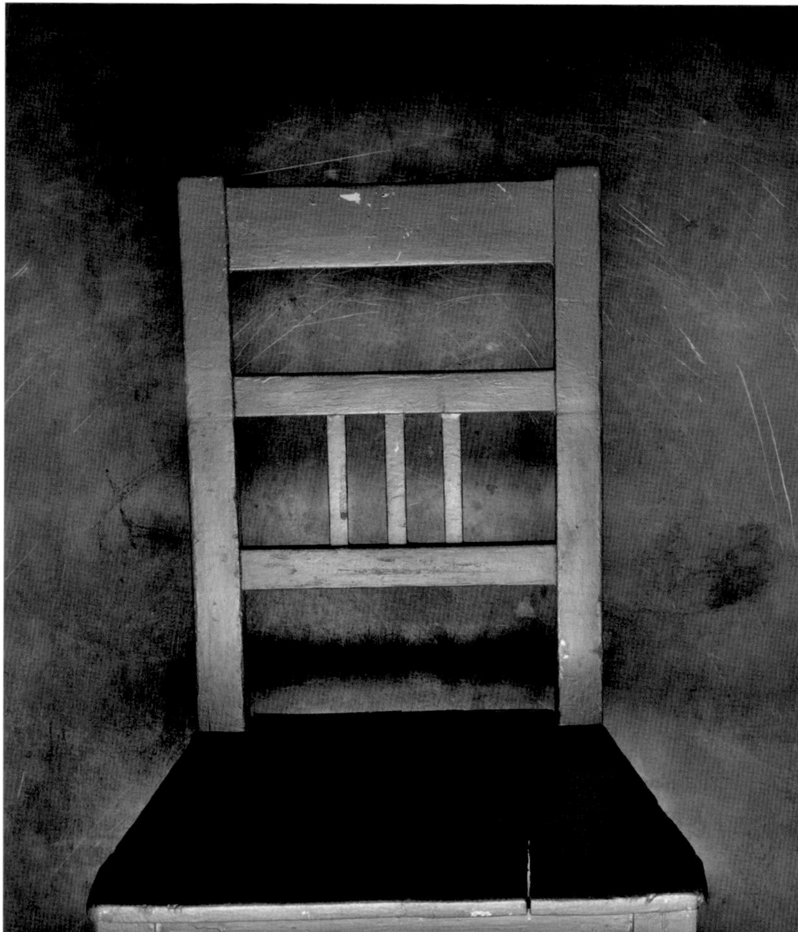

41 **Chair / Židle** 2001

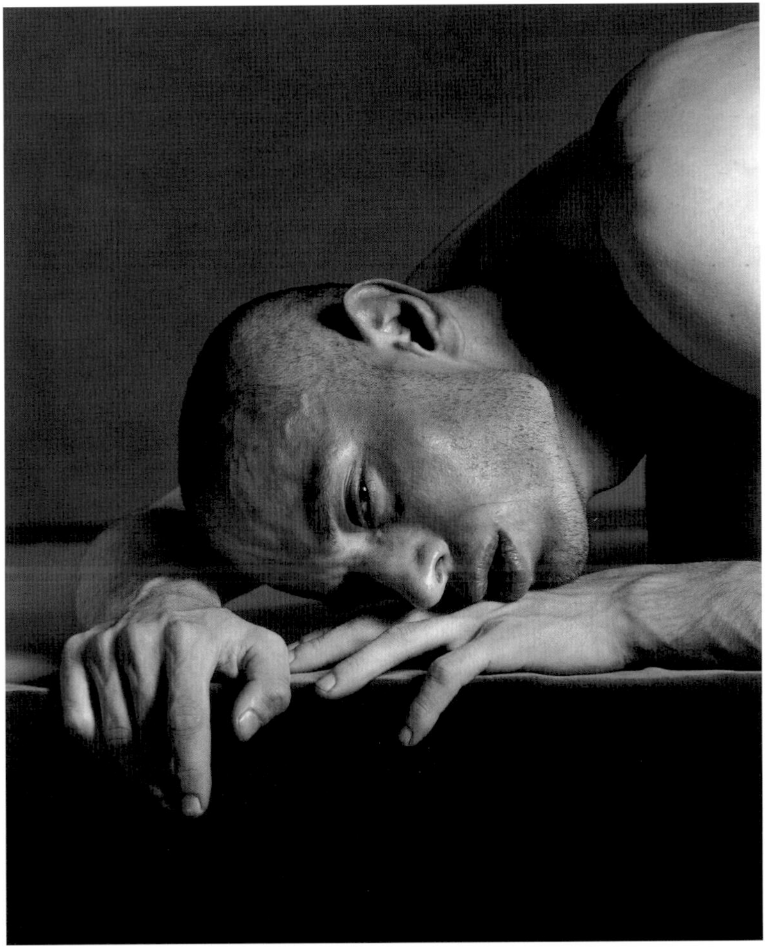

42 **Memento mori II** 2001

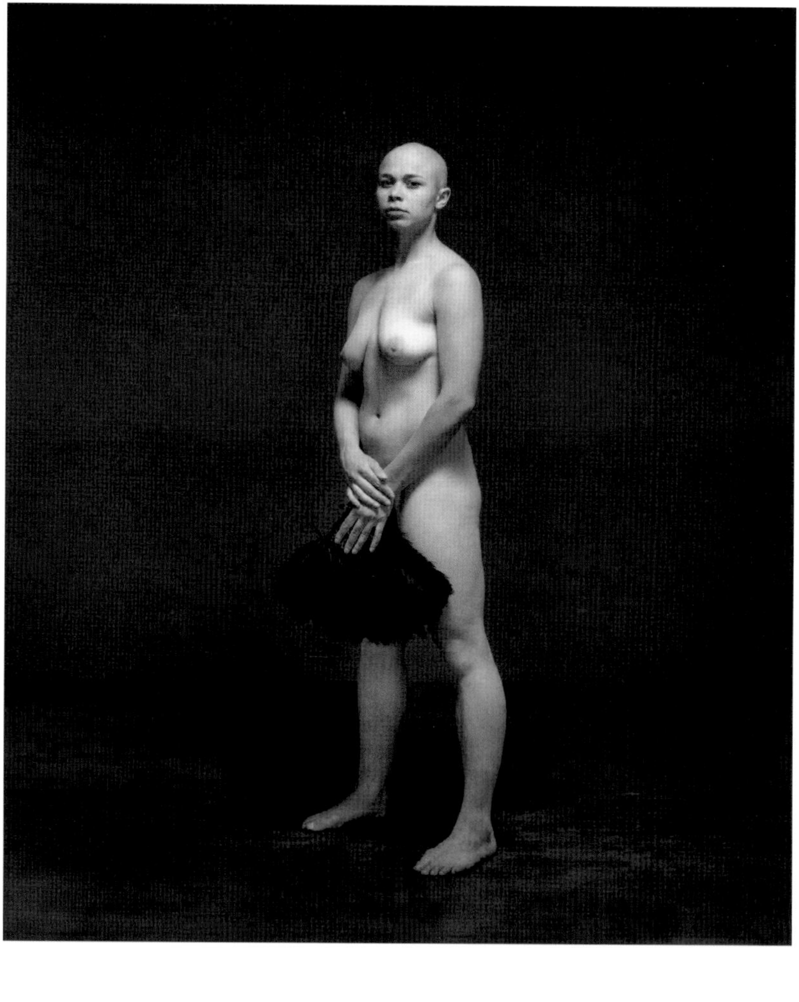

43 **From the *Teatr Novogo Fronta* series, No. 7 / Z cyklu Teatr Novogo Fronta, č. 7** 2000

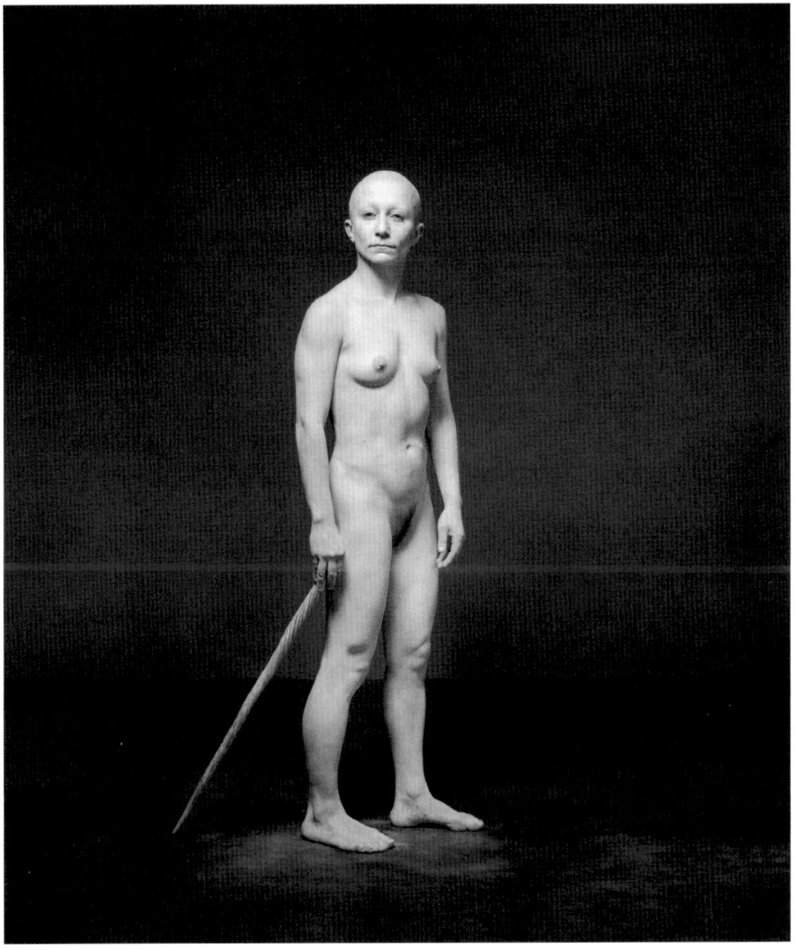

44 **From the *Teatr Novogo Fronta* series, No. 5 / Z cyklu Teatr Novogo Fronta, č. 5** 2000

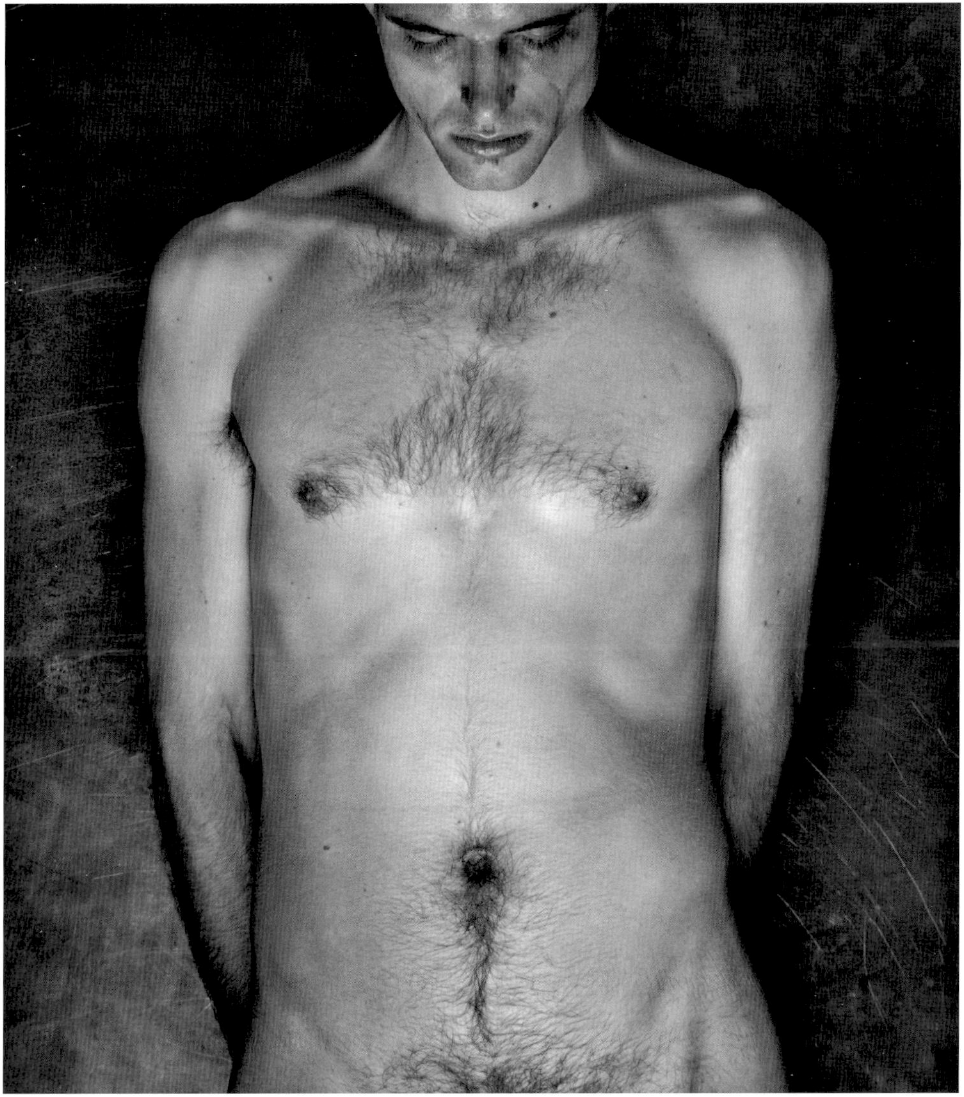

45 **Torso / Torzo** 2000

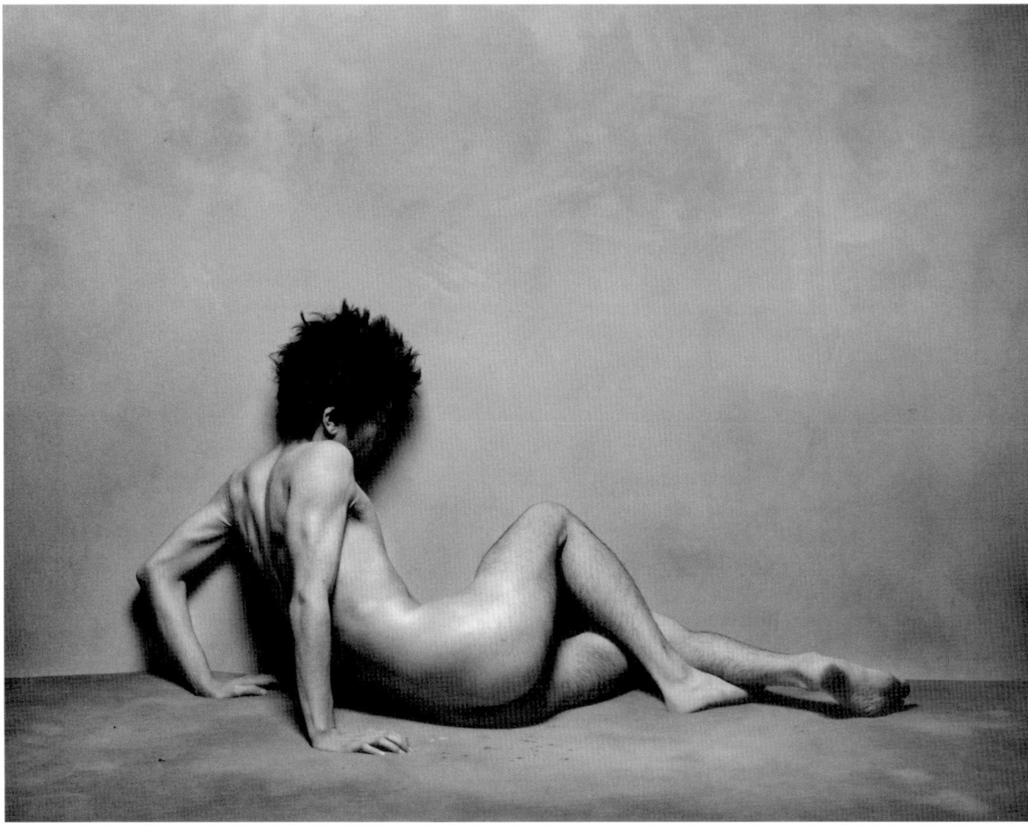

46 **No title / Bez názvu** 2002

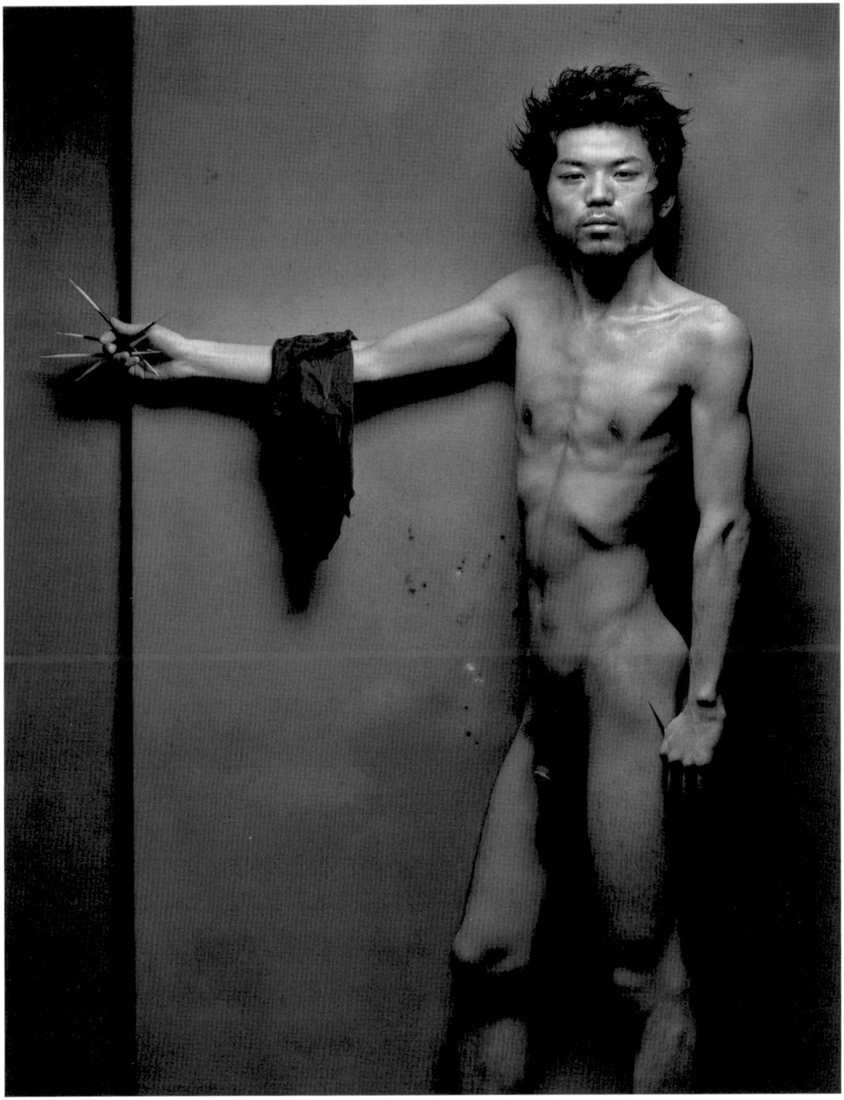

47 **Sebastian / Šebestián** 2002

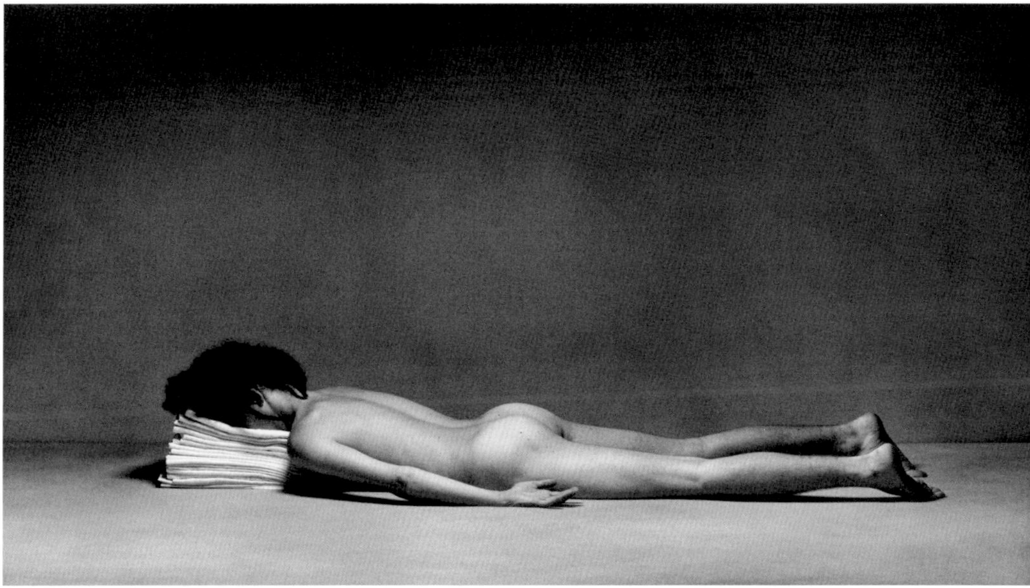

48 **No title / Bez názvu** 2008

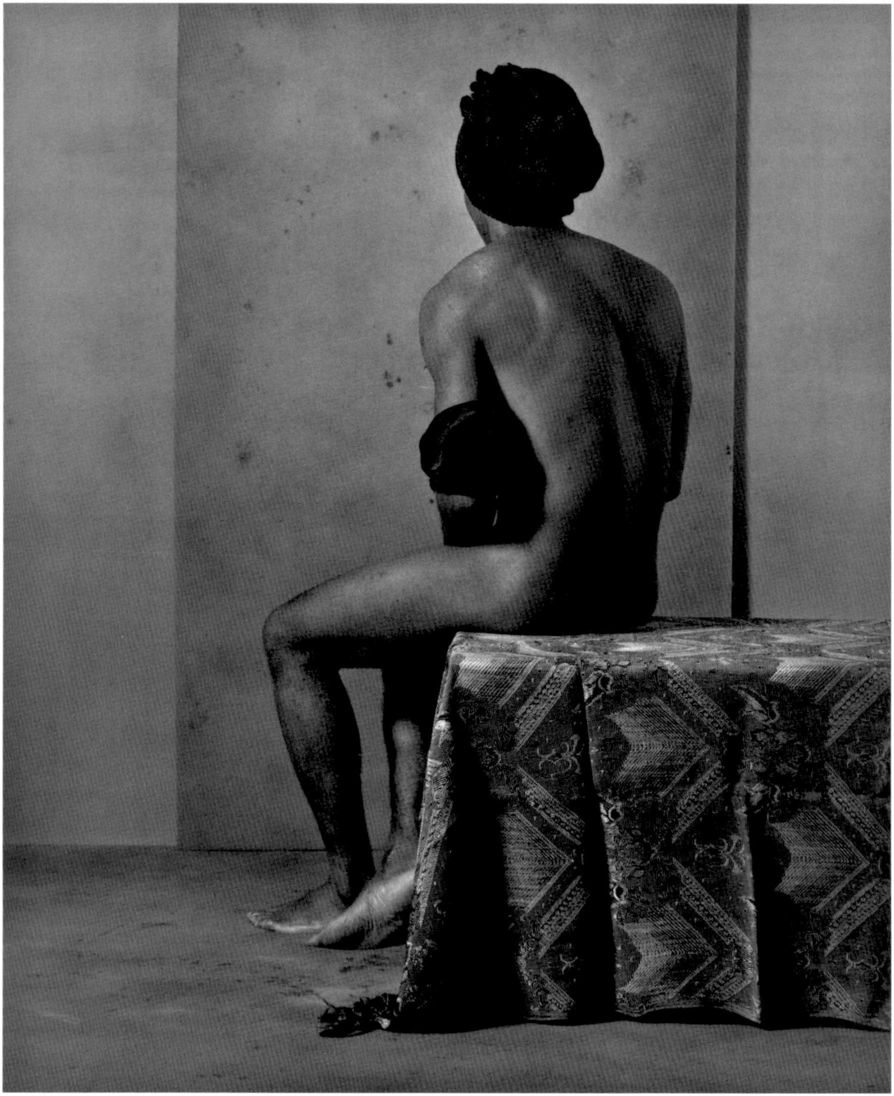

49 **Valpinçon** 2004

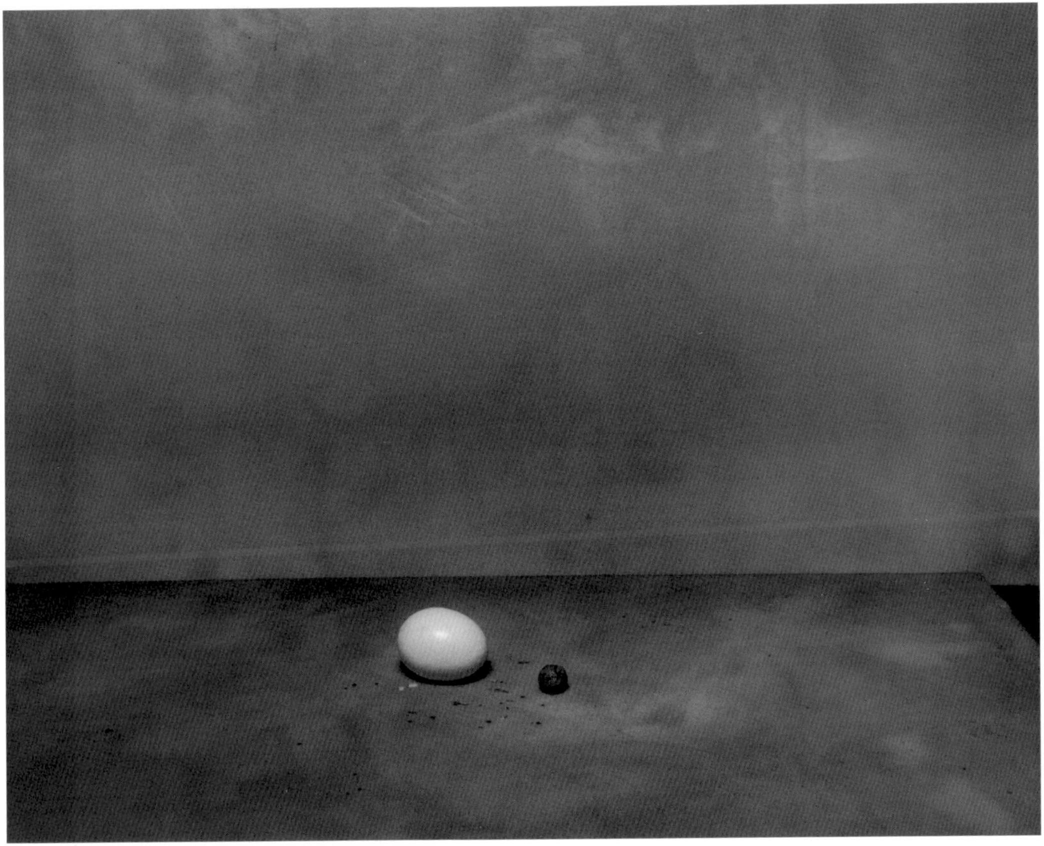

50 **Egg and Wax / Vejce a vosk** 2002

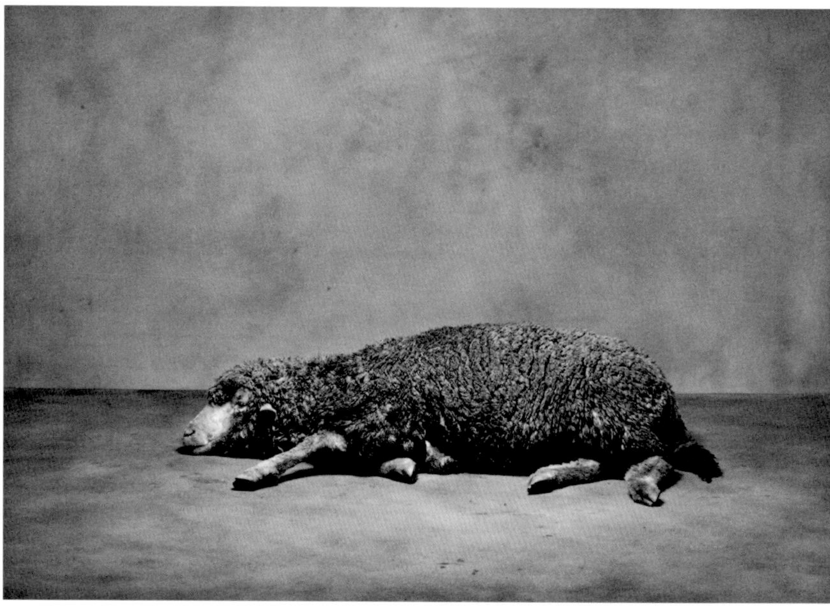

51 **Sheep / Ovce** 2003

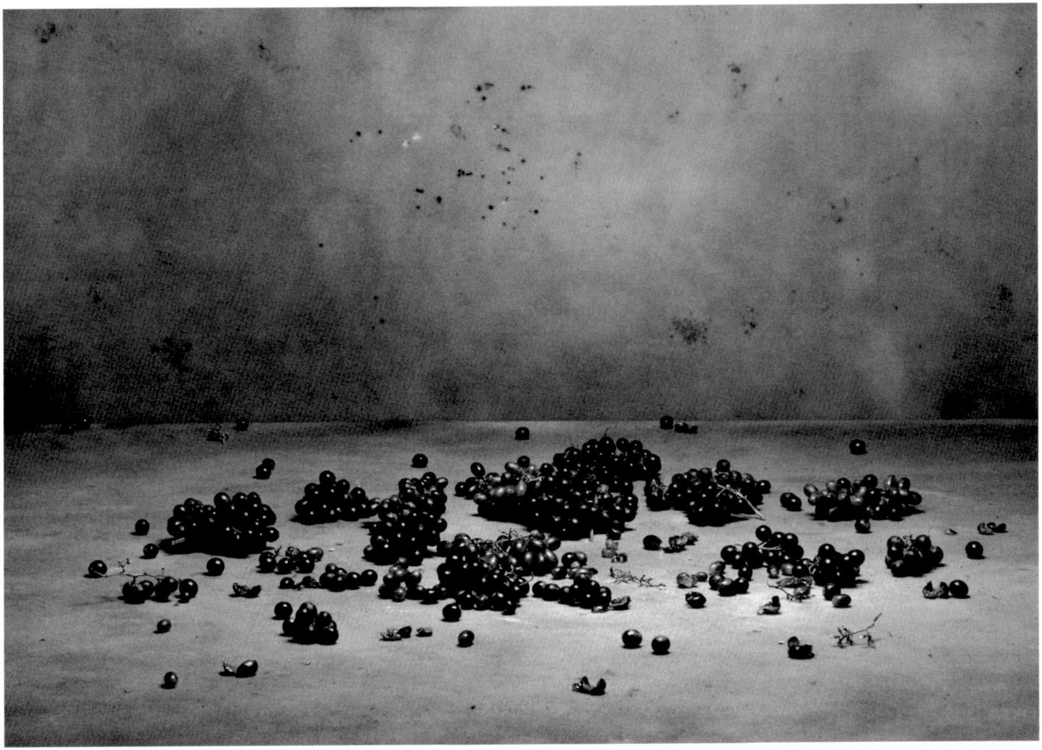

52 **Great Banquet / Velká hostina** 2003

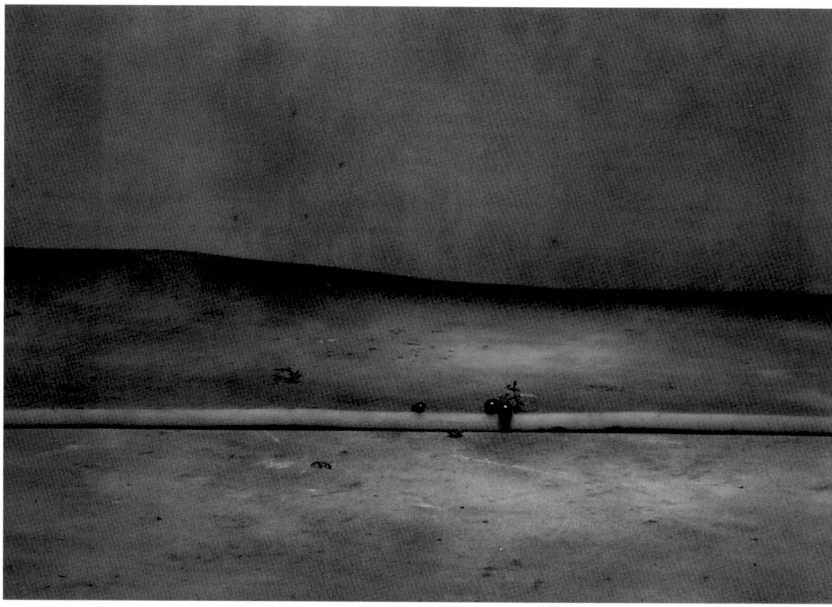

53 **Vanitas** 2003

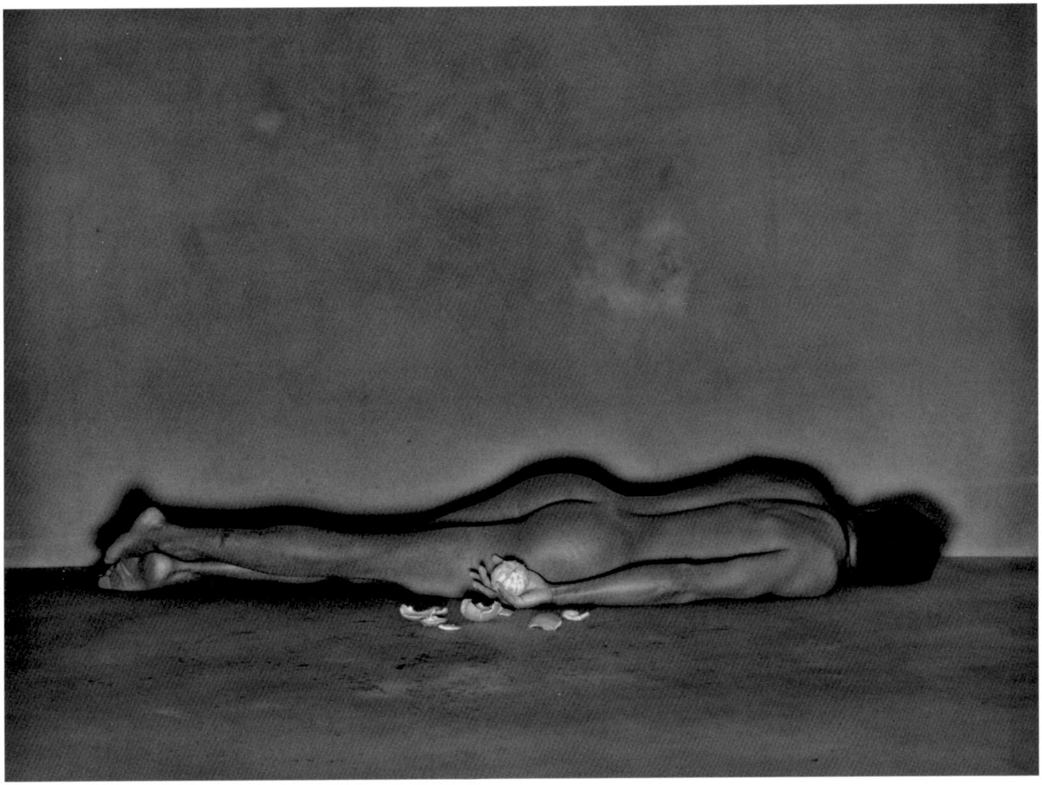

54 **Orange / Pomeranč** 2004

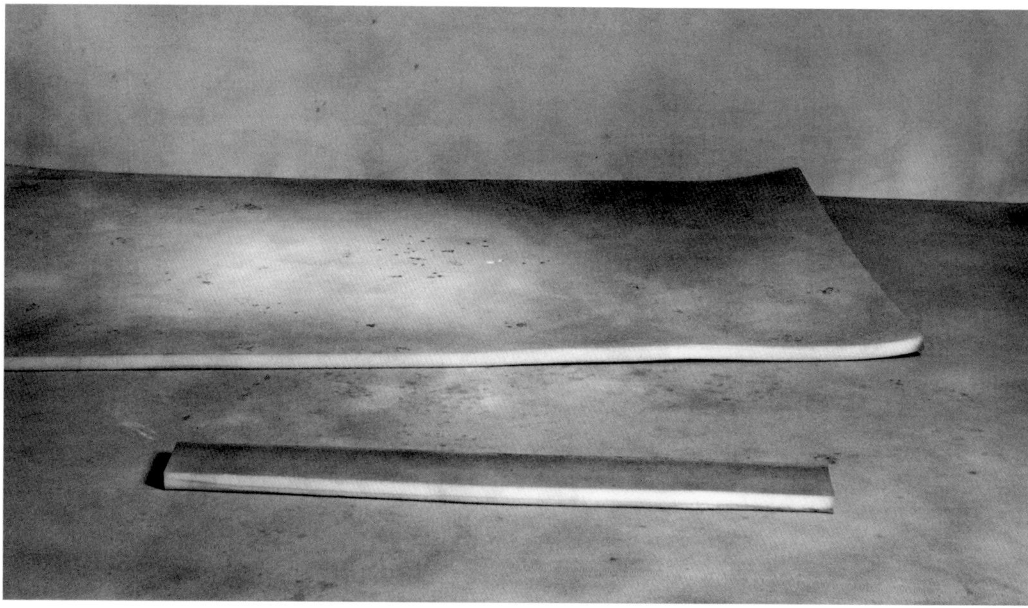

55 **Spiritual Exercises II / Exercicie II** 2003

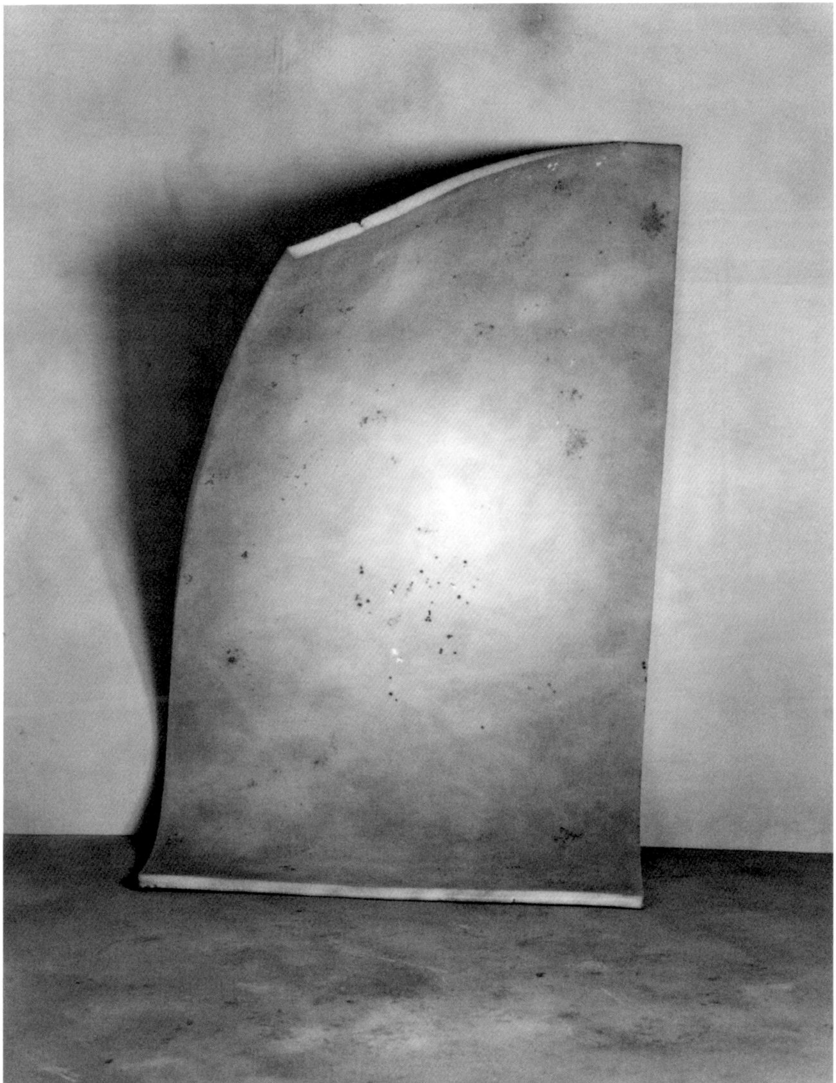

56 **Spiritual Exercises III / Exercicie III** 2003

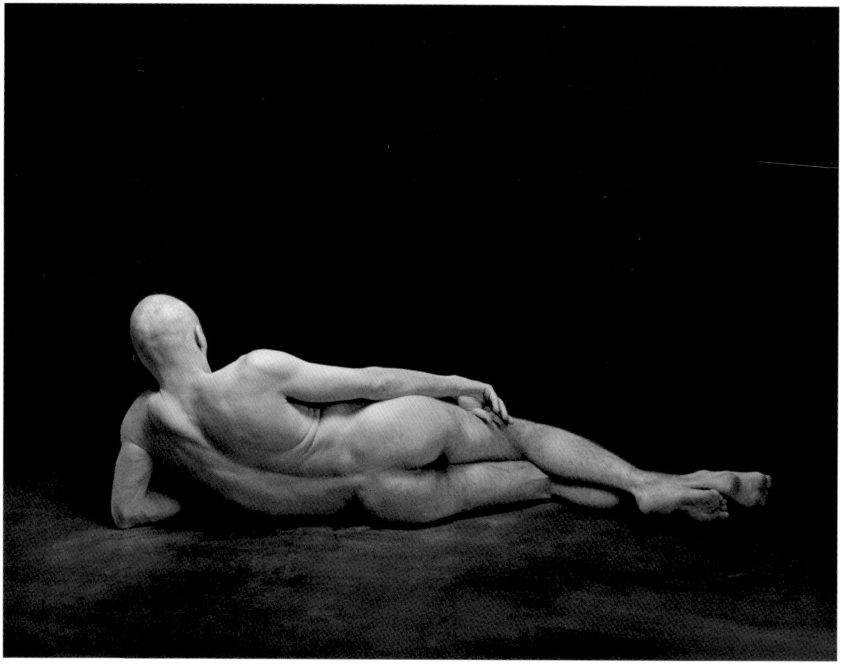

57 **Tristan** 2001

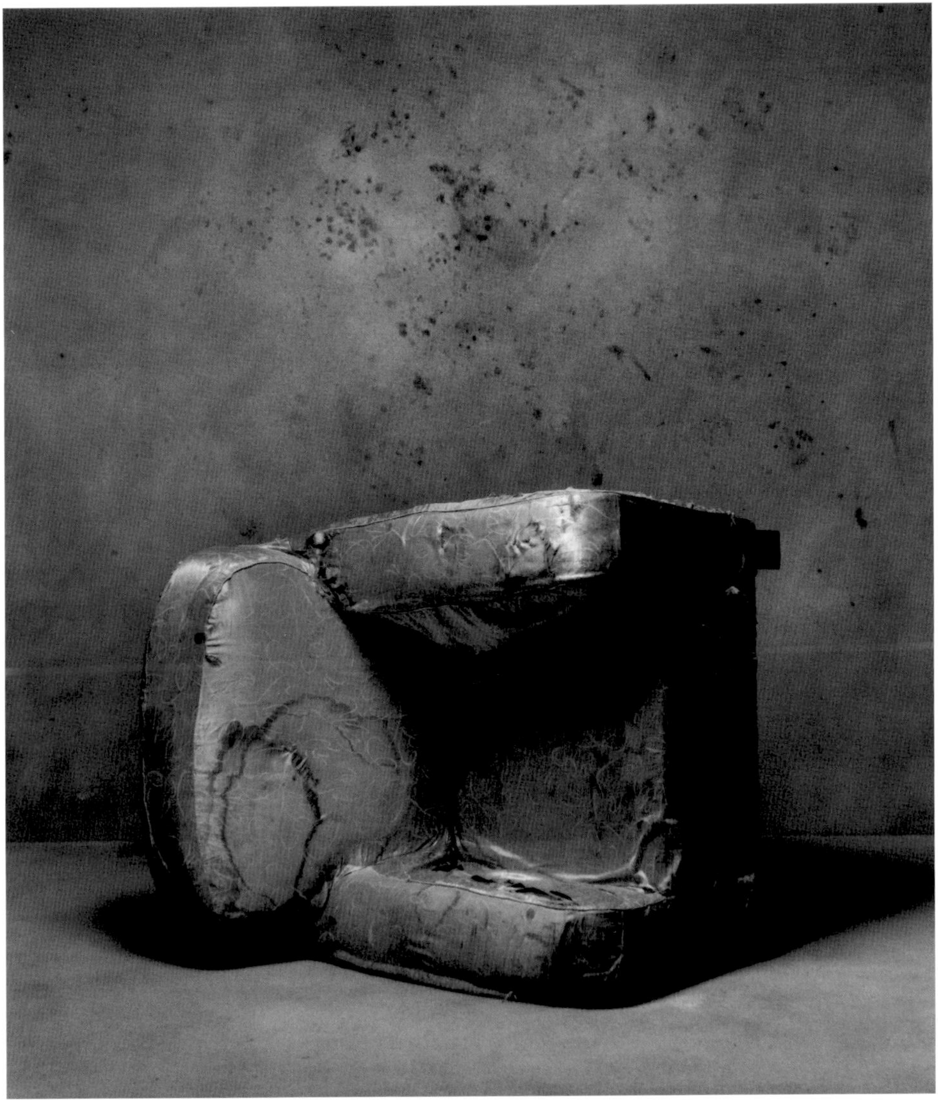

58 **Chair / Křeslo** 2004

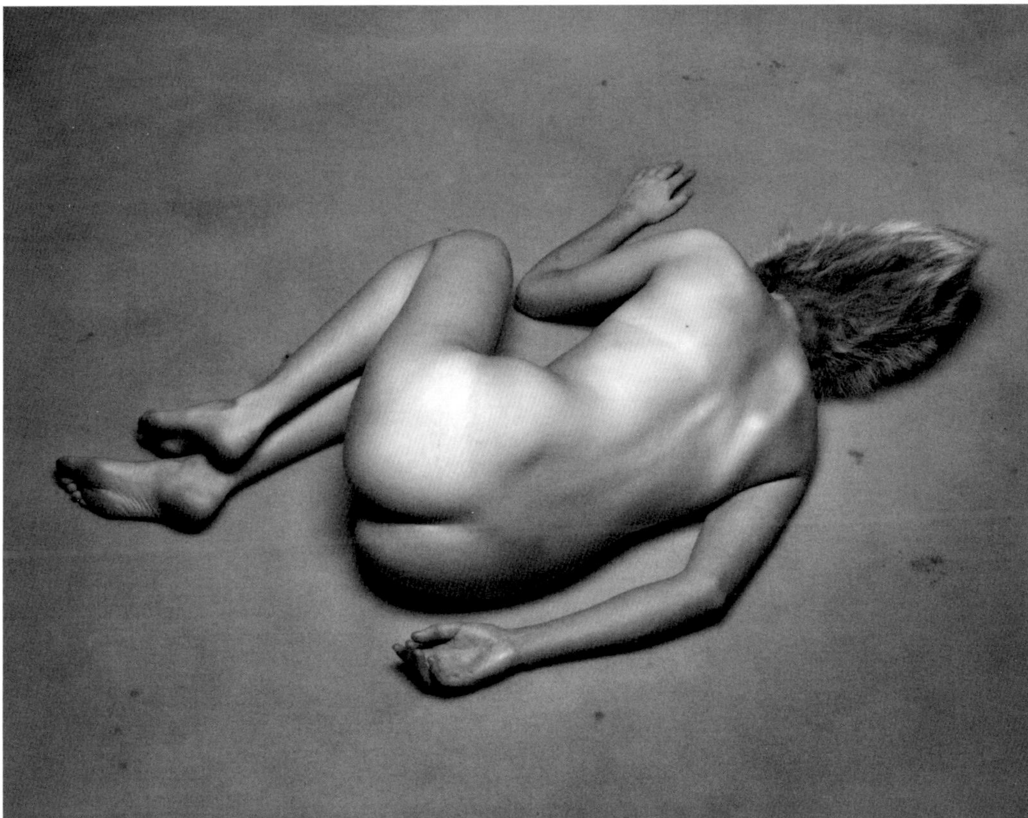

59 **In Memory of Edward Weston / Vzpomínka na Edwarda Westona** 2003

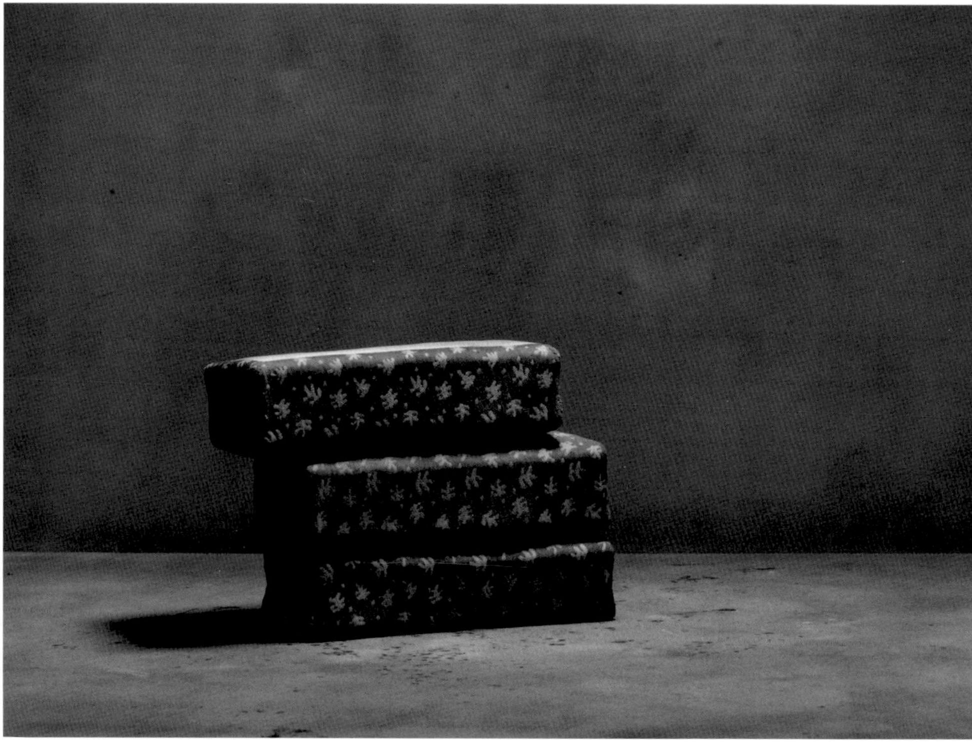

60 **Three Mattresses / Tři matrace** 2008

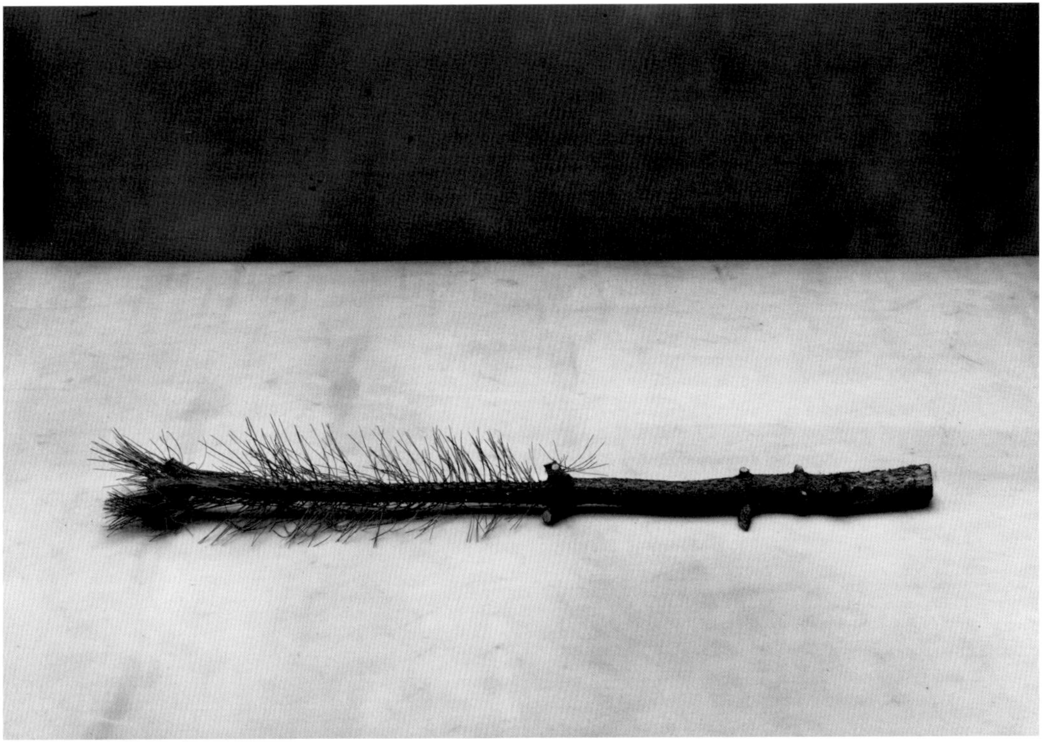

61 **Weihnachtsoratorium** 2008

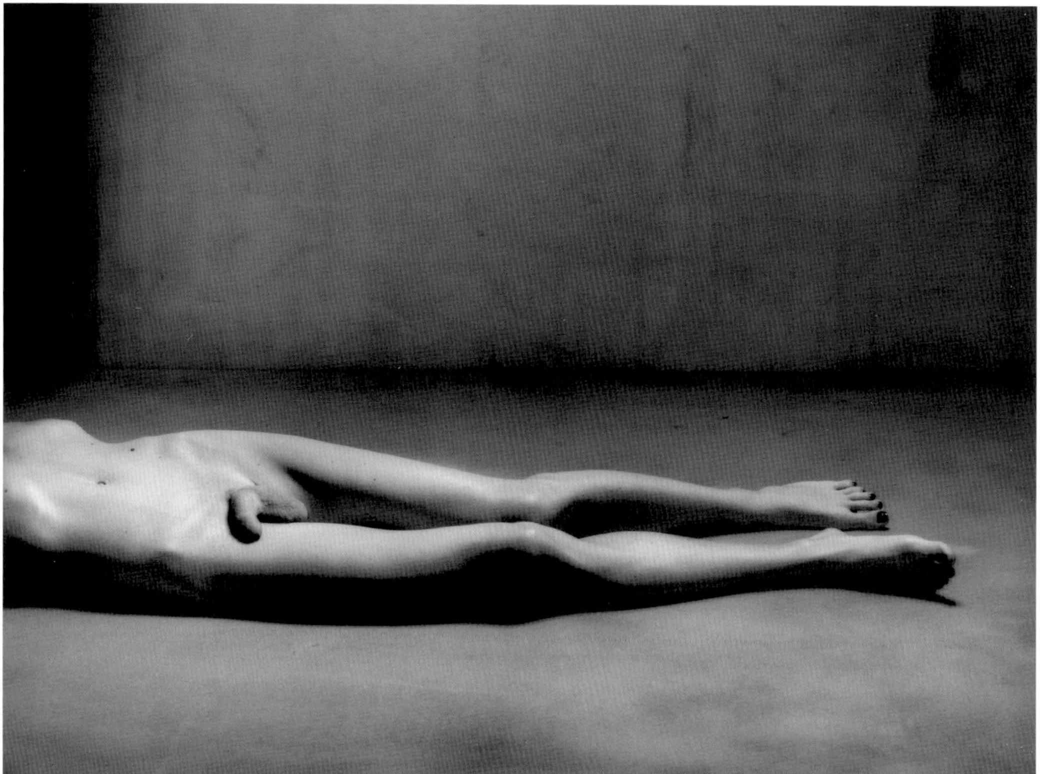

62 **No title / Bez názvu** 2007

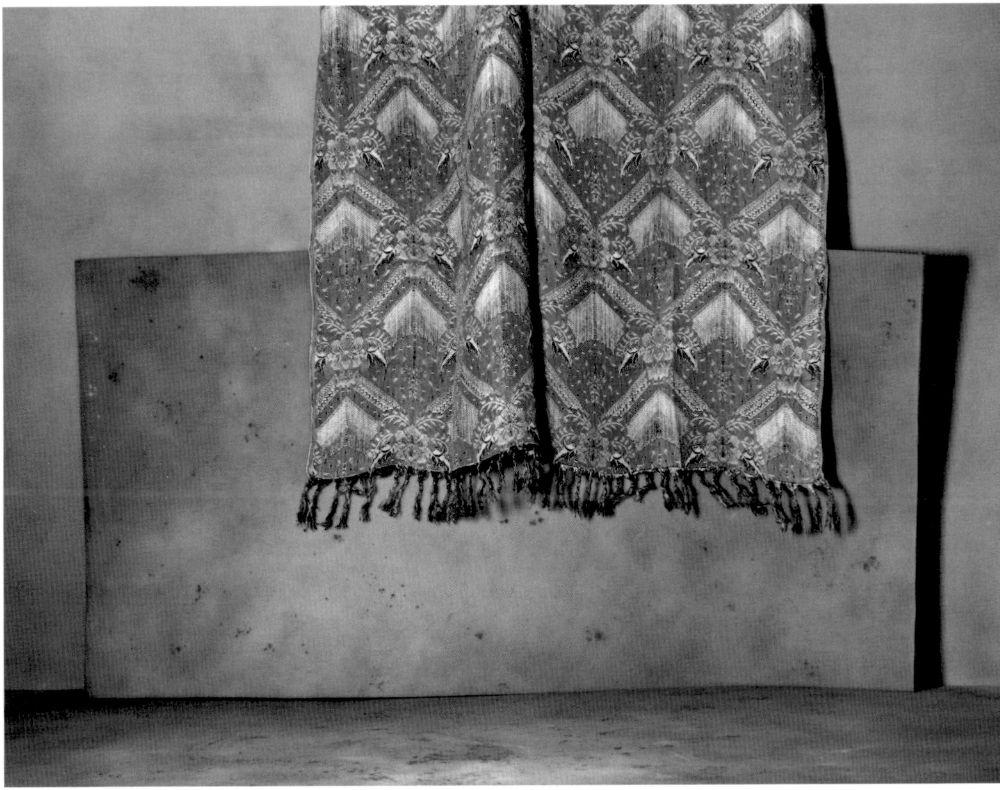

63 **No title / Bez názvu** 2004

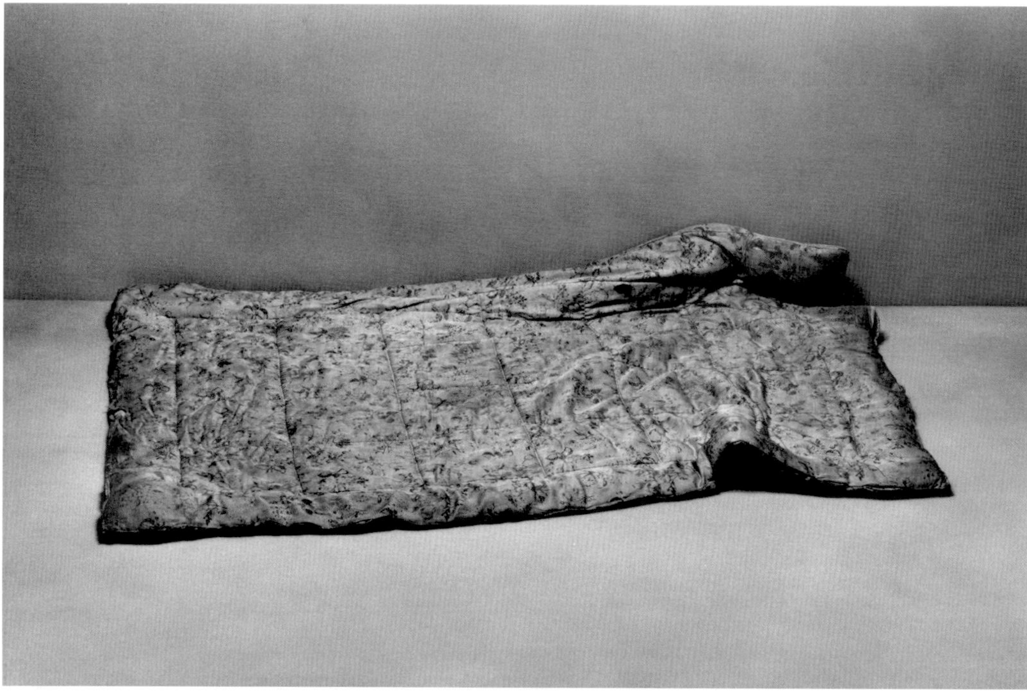

64 **No title / Bez názvu** 2008

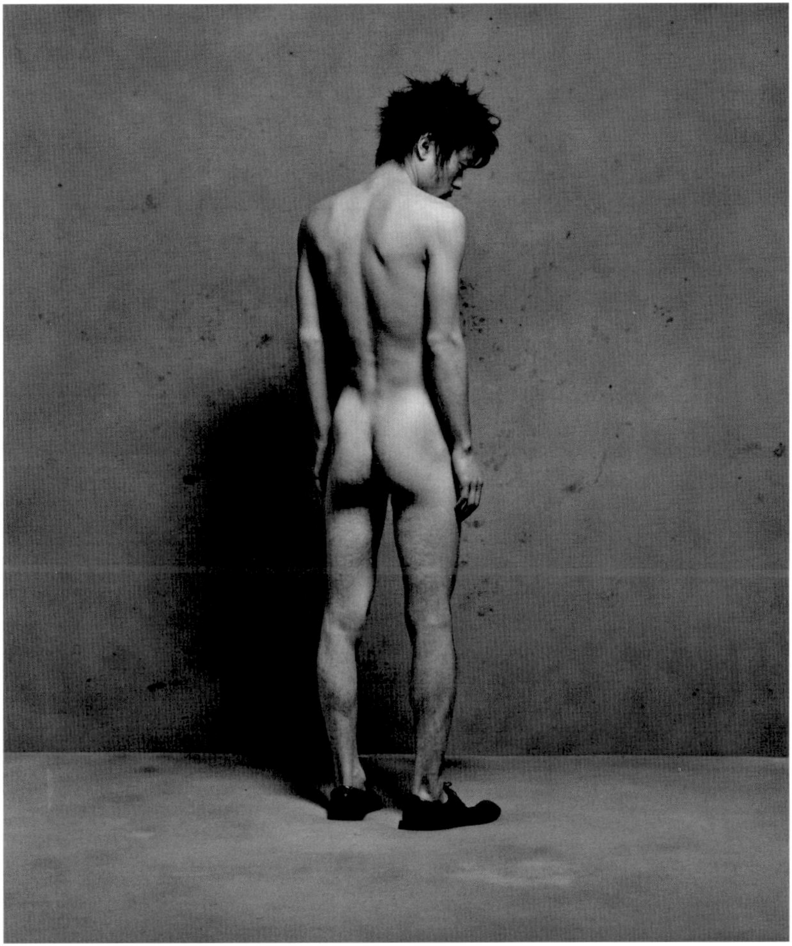

65 **Atsushi** 2005

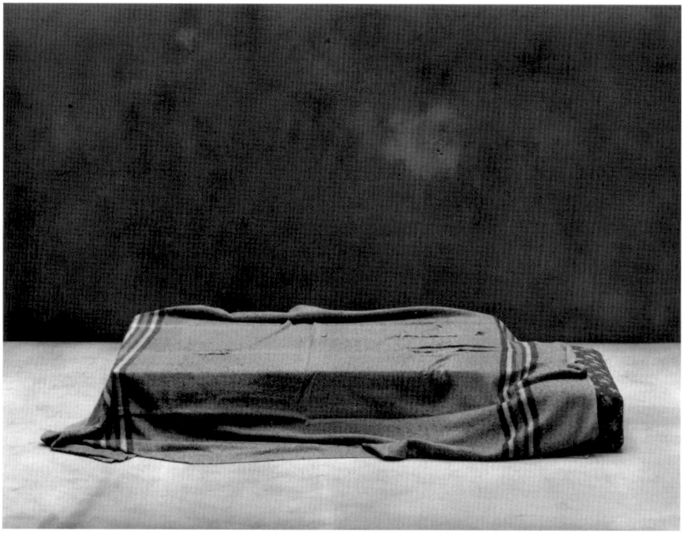

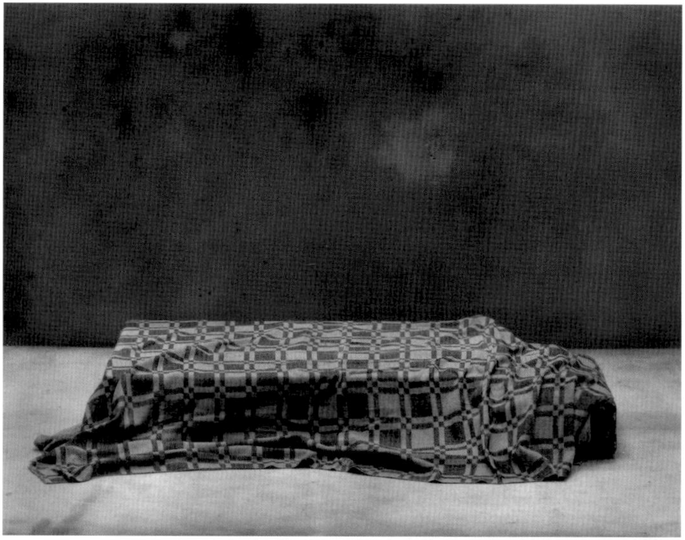

66 **Bed I / Lůžko I** 2008
67 **Bed II / Lůžko II** 2008

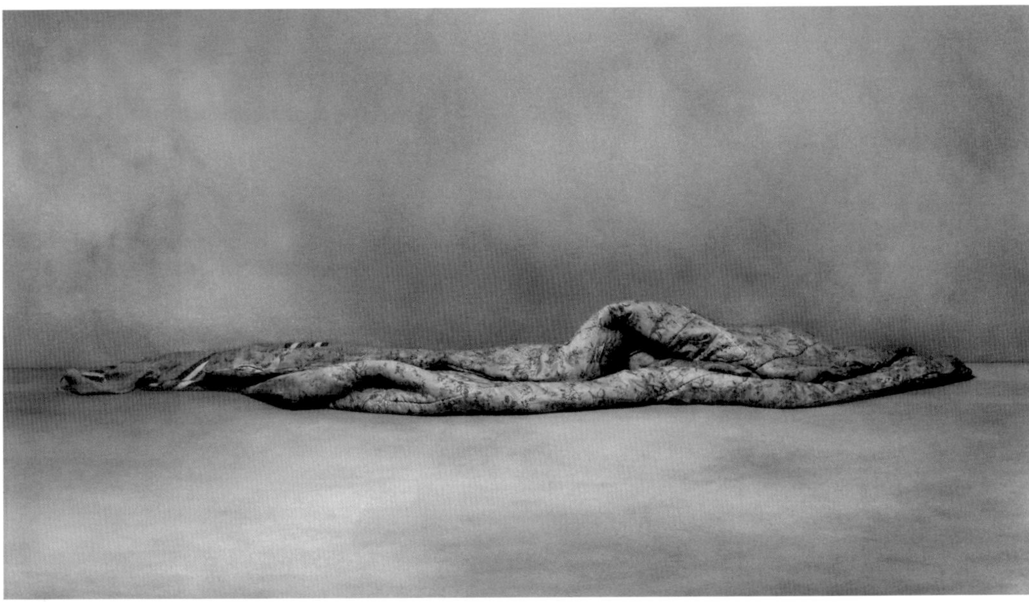

68 **No title / Bez názvu** 2008

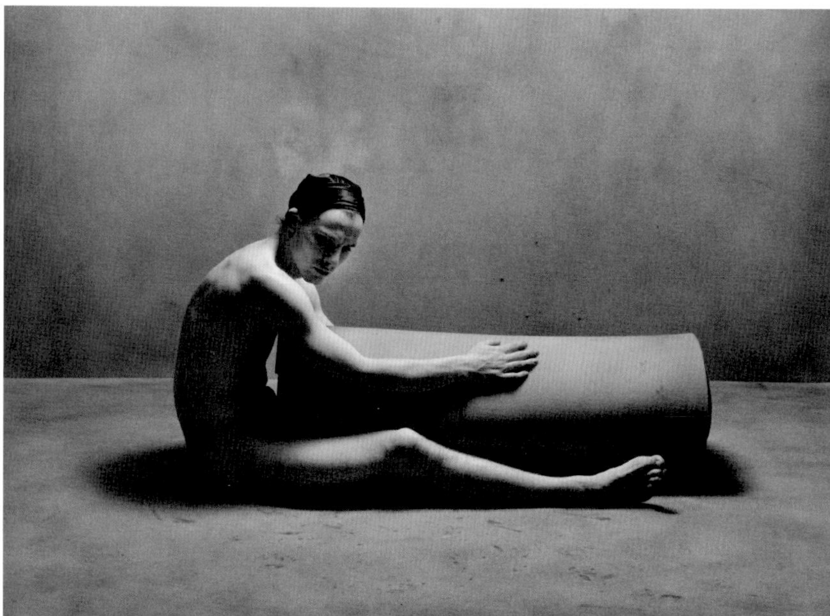

69 **No title / Bez názvu** 2005

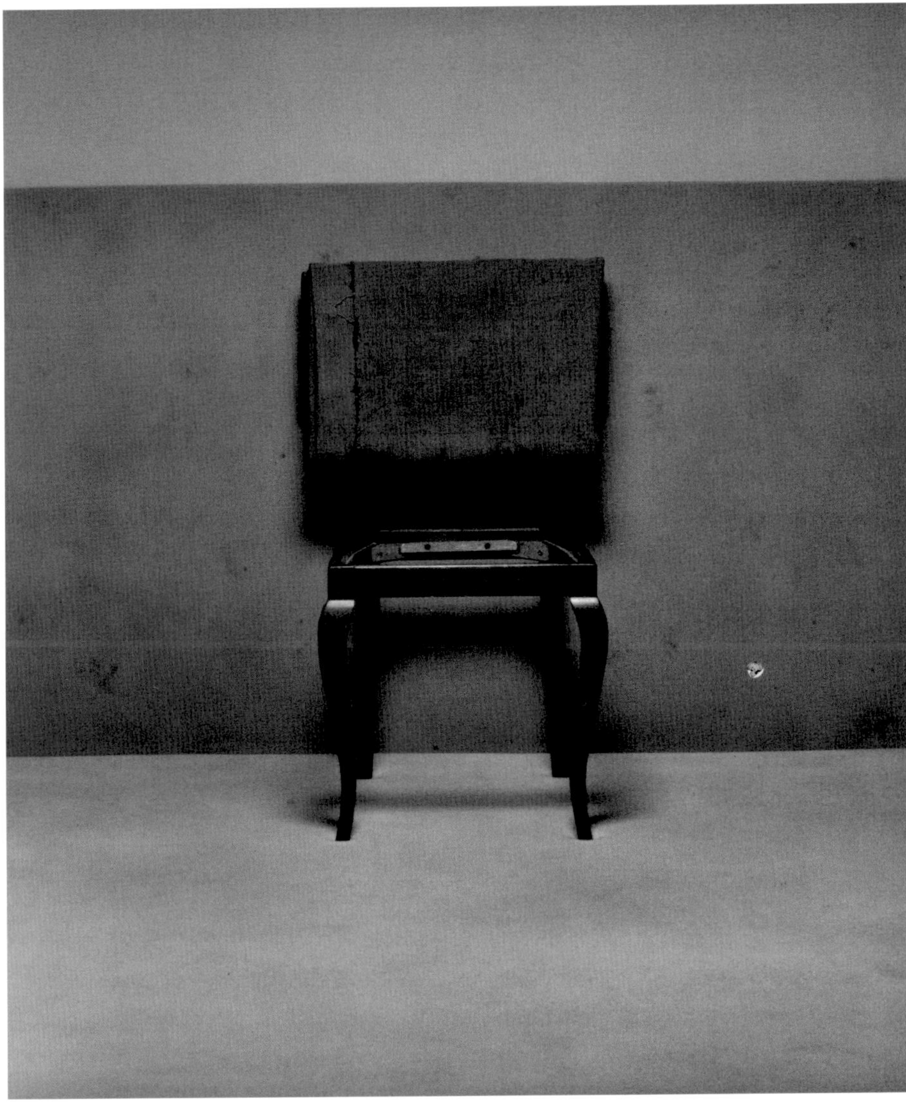

70 **No title / Bez názvu** 2009

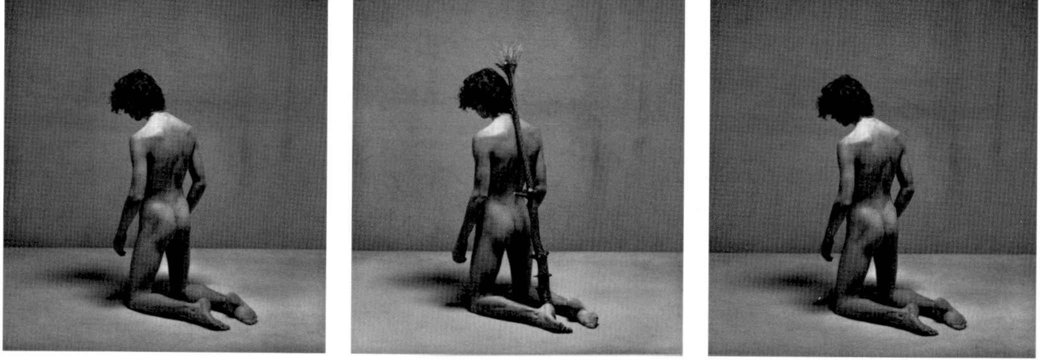

71 **Foucault's Pendulum / Foucaltovo kyvadlo** 2009

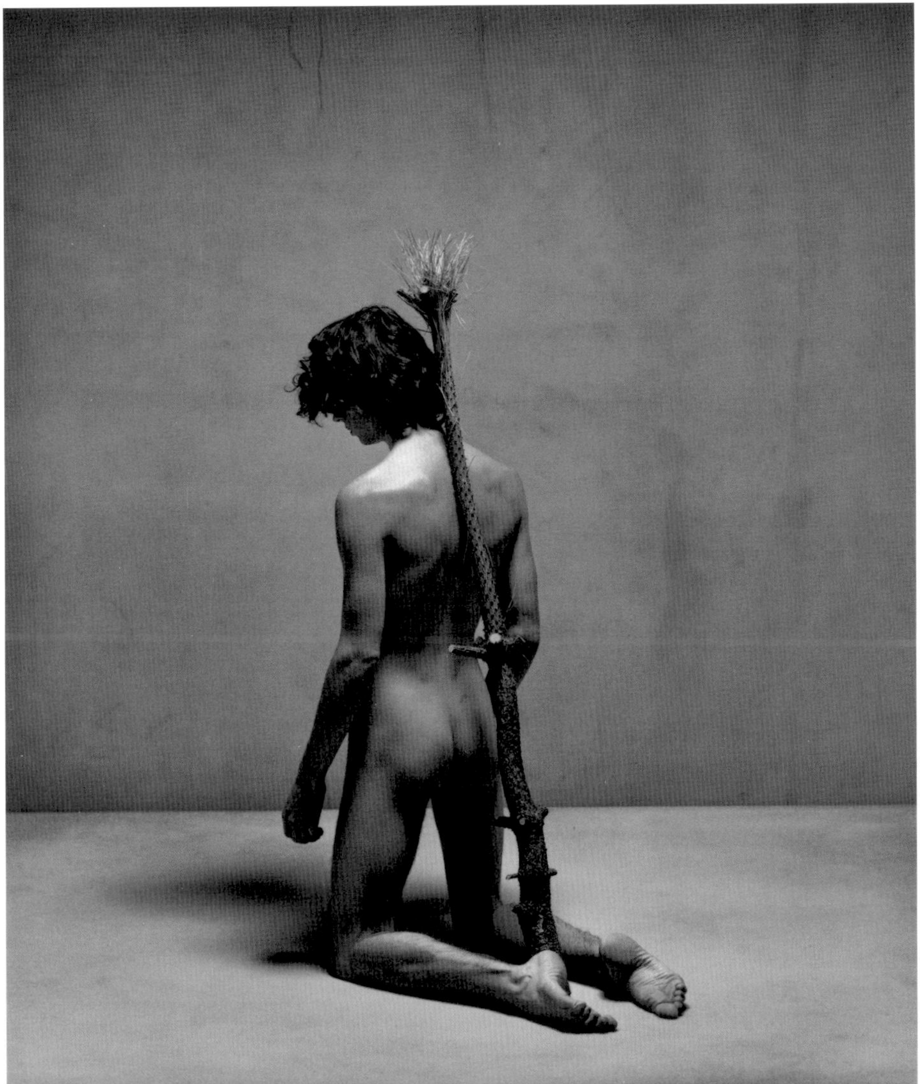

72 **Foucault's Pendulum, central panel / Foucaultovo kyvadlo, střední část** 2009

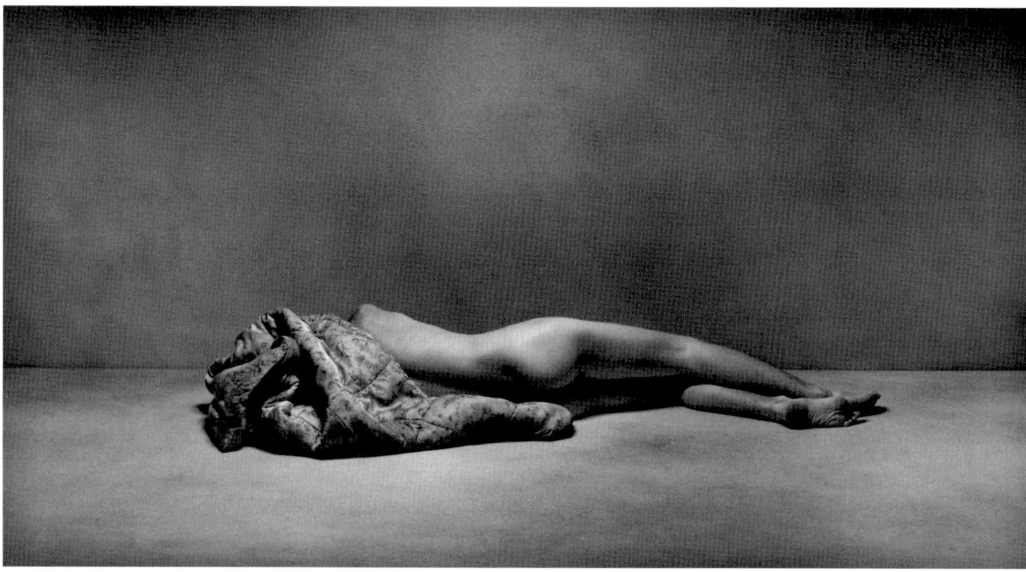

73 **No title / Bez názvu** 2008

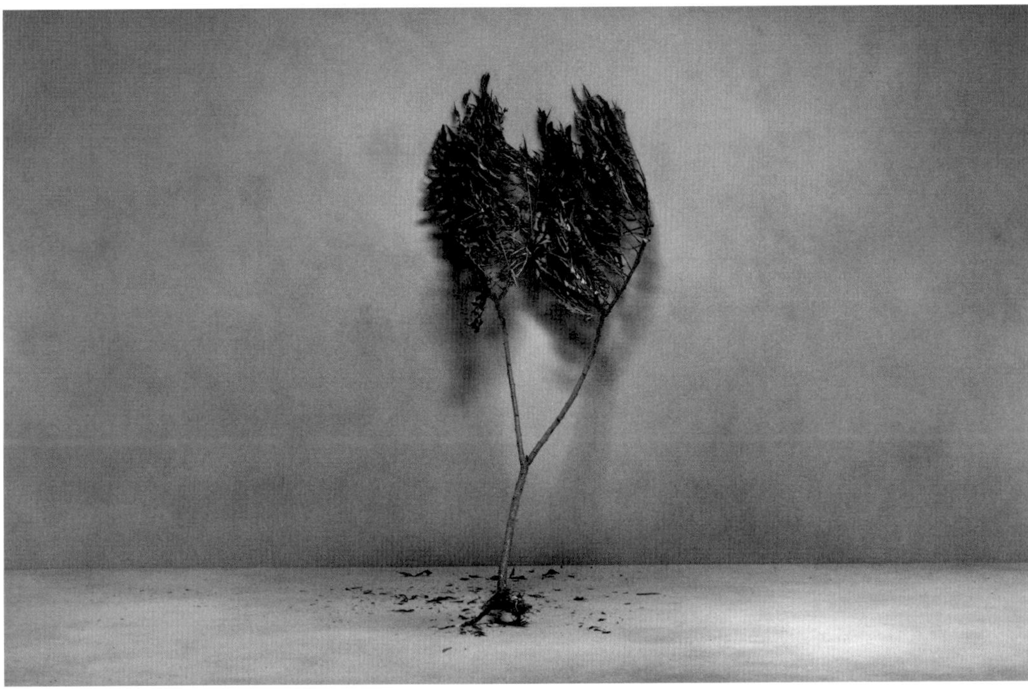

74 **Diis Manibus!** 2009

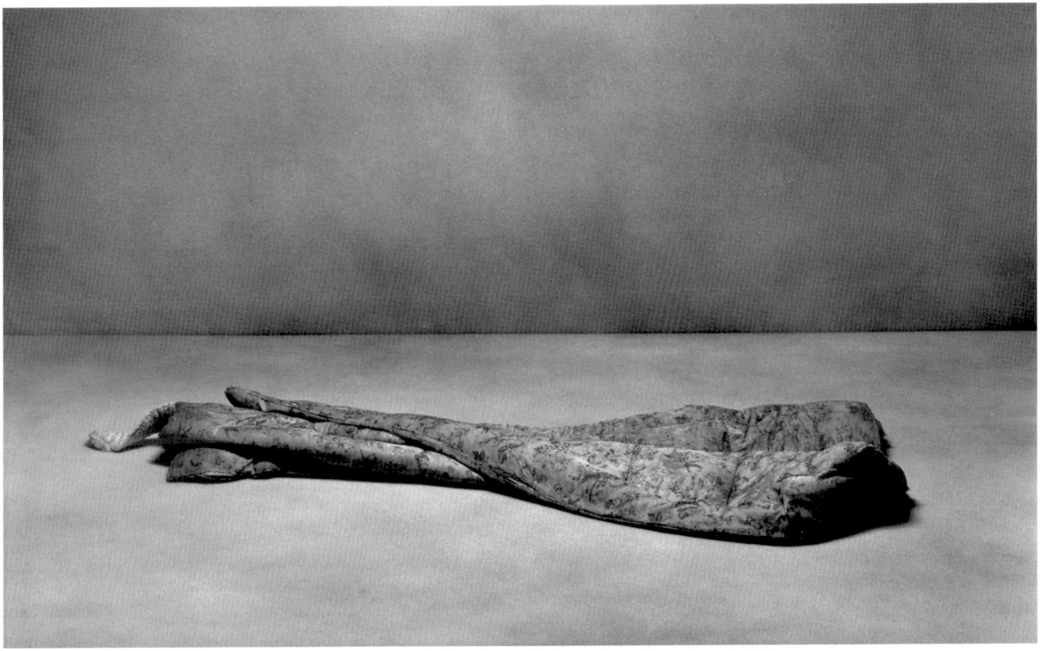

75 **No title / Bez názvu** 2008

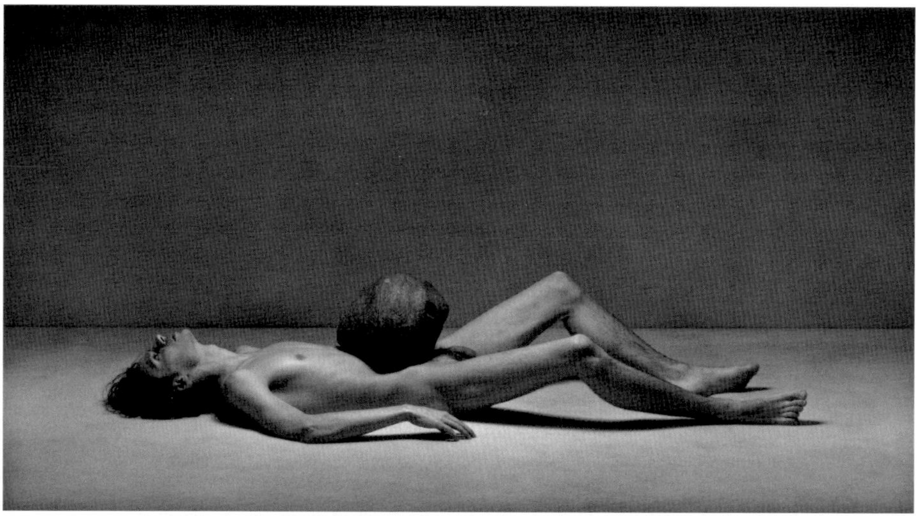

76 **Gravity / Přitažlivost** 2009

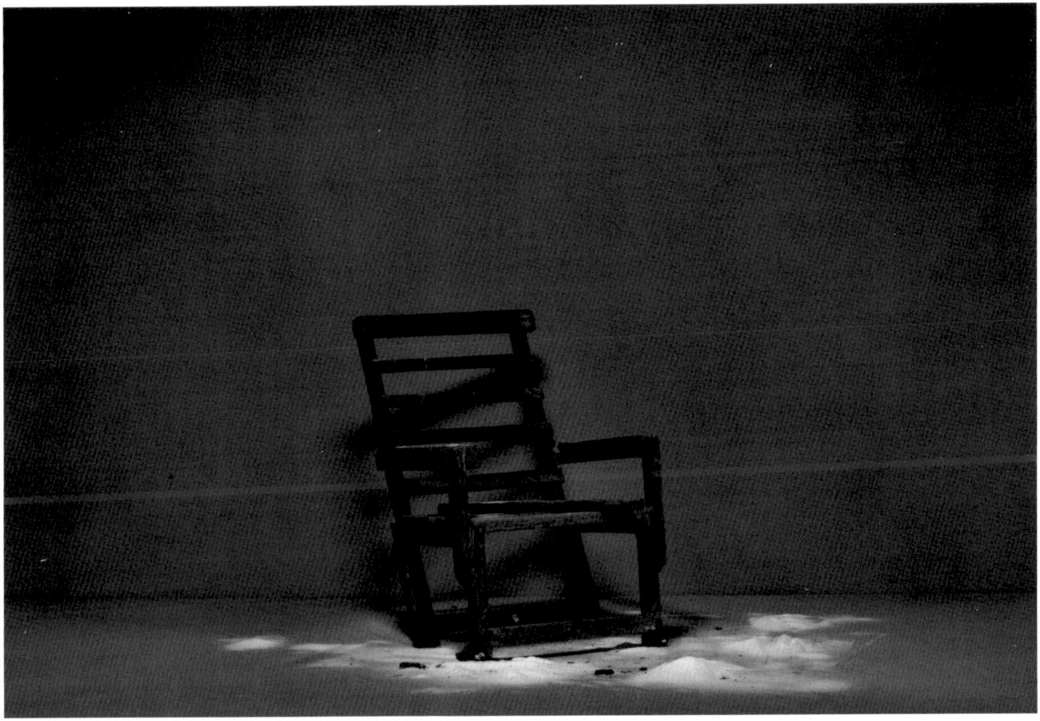

77 **Throne / Trůn** 2009

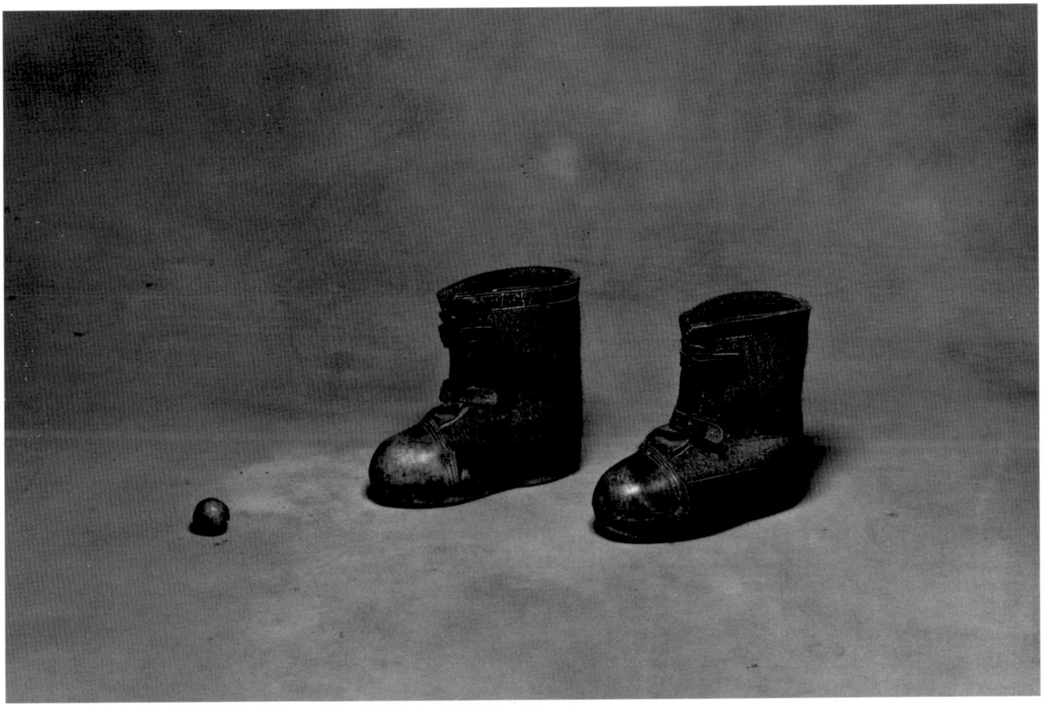

78 **Shoes for Joseph Beuys / Boty pro Josepha Beuyse** 2007

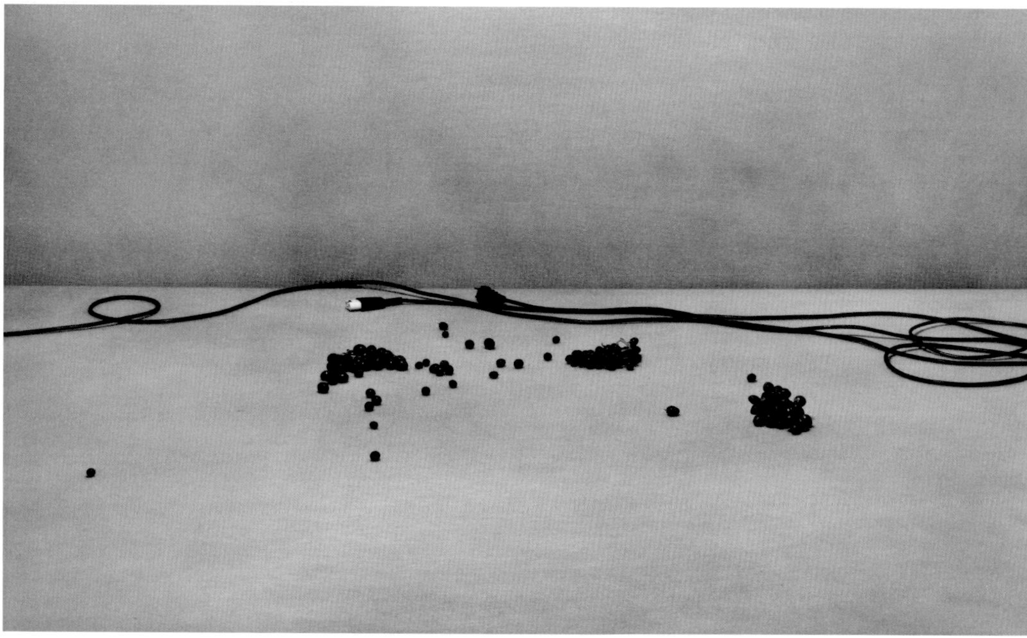

79 **Vanitas** 2008

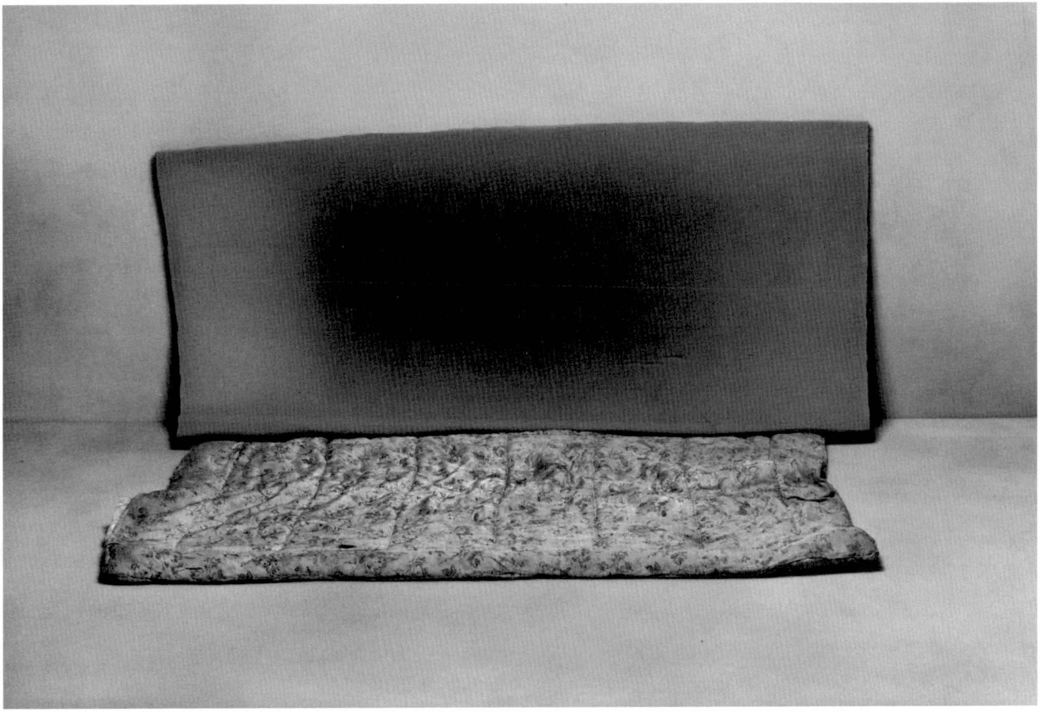

80 **No title / Bez názvu** 2008

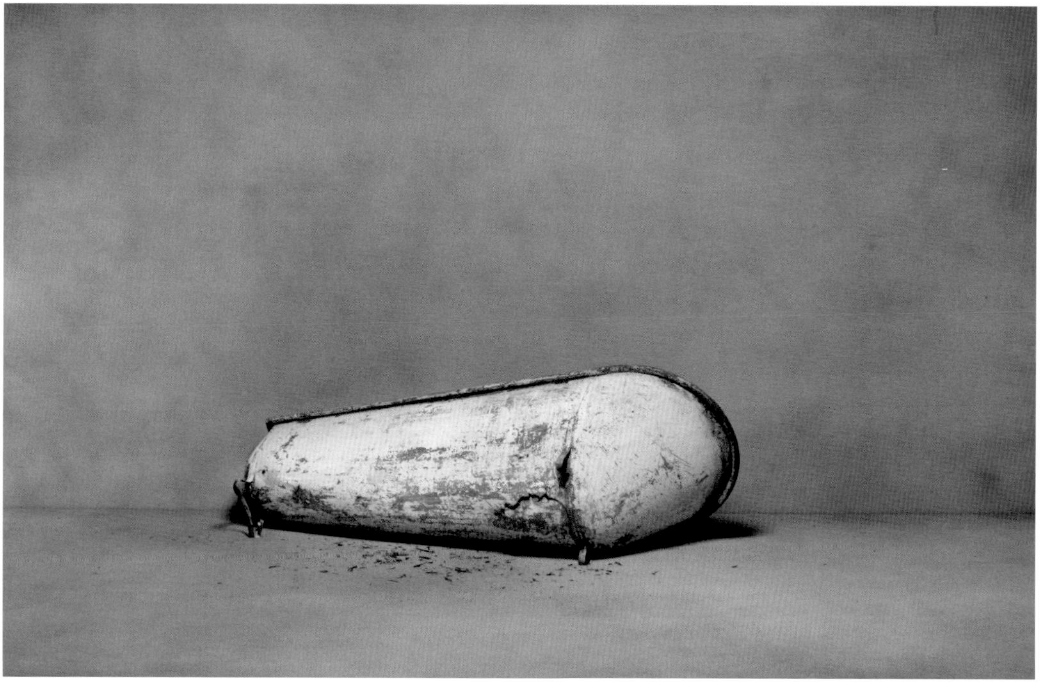

81 **The Other Side / Druhý břeh** 2009

Biographical Chronology

1961–72 Born in Náchod, northeast Bohemia, on 1 February 1961, but grew up in Velký Šenov, northwest Bohemia, where he lived until 1972.

1972–76 Moved to Červený Kostelec, northeast Bohemia, where he graduated from elementary school in 1976.

1976 Worked at Severografia printers, Červený Kostelec, and studied graphic arts at a specialized secondary school (Střední odborná učiliště polygrafická) in Smíchov, Prague.

1977–81 Studied graphic arts at another specialized secondary school (the Střední průmyslová škola grafická), Prague, where he began to devote himself more intensively to photography.

1981 Employed for a year as a social worker in the Old Town, Prague, and prepared himself for the entrance exams to the Film and Television School of the Academy of Performing Arts (FAMU), Prague.

1982–86 Studied art photography at FAMU, graduating in 1986, enabling him to continue to work freelance.

1986–2004 Worked as a freelance photographer. Earned his living at first mainly with commercial work. Showed his works at exhibitions both with fellow-students from FAMU and with friends, also independently in Europe and the USA. In 1994, published his first monograph, *Dynastie*. In 1998, together with Václav Jirásek and Robert V. Novák, published *Memento mori*, a volume to accompany an exhibition of the same name, which was held in the Galerie Rudolfinum that year.

In 2002 was included in a German encyclopedia of photography, *Das Lexikon der Fotografen 1900 bis heute*.

2004 Galerie Rudolfinum Praha organized "Heroes," a preliminary retrospective of his photographs. At the same time, he published his second monograph, *Heroes*, which received a number of awards.

2005–07 Ran the photography studio at the Academy of Arts, Architecture and Design (Vysoká škola uměleckoprůmyslová), Prague.

2006 Moved from Prague to the nearby countryside.

2007 With his colleagues from the Academy of Art, Lucie Mlynářová and Michal Hladík, organized an exhibition of student works in the Mánes Gallery, Prague.

2008–09 Again freelance, live in Oleško near Prague. Though worked on the side in commercial photography, making theatre posters with the graphic designer and photographer Robert V. Novák, devoted himself almost exclusively to art photography.

Životopisná data

1961–72 Narodil se 1. února 1961 v Náchodě, ale vyrůstal ve Velkém Šenově, kde žil až do roku 1972.

1972–76 Stěhuje se do Červeného Kostelce, kde v roce 1976 dokončuje základní školu.

1976 Přechodně pracuje v tiskárně Severografia v Červeném Kostelci a v Praze rok navštěvuje učební obor Reprodukční grafik (Praha-Smíchov, Střední odborné učiliště polygrafické).

1977–81 Studuje Střední průmyslovou školu grafickou v Praze, obor polygrafie. Zde se začíná intenzivněji věnovat fotografii.

1981 Rok pracuje jako pečovatel na Starém Městě v Praze a připravuje se na přijímací zkoušky na FAMU.

1982–86 Studuje obor Umělecká fotografie na FAMU v Praze. V roce 1986 zde skládá státní zkoušku, která mu umožňuje nadále pracovat ve svobodném povolání.

1986–2004 Pracuje ve svobodném povolání jako fotograf. Živí se zprvu převážně komerčními zakázkami. Průběžně vystavuje jak s kolegy ze studií a s přáteli, tak také samostatně po Evropě a ve Spojených státech. V roce 1994 vydává svou první knižní monografii Dynastie. V roce 1998 vydává společně s Václavem Jiráskem a Robertem V. Novákem knihu Memento mori, která je katalogem ke stejnojmenné výstavě realizované v Galerii Rudolfinum v témže roce. Roku 2002 je zařazen do německé encyklopedie světových fotografů Das Lexikon der Fotografen 1900 bis Heute.

2004 Galerie Rudolfinum Praha uspořádala předběžnou retrospektivu fotografií Ivan Pinkava Heroes. Současně Pinkava vydává svou druhou monografii Heroes, která získala řadu ocenění.

2005–07 Vede ateliér fotografie na Vysoké škole uměleckoprůmyslové v Praze. V roce 2006 se stěhuje z Prahy na nedaleký venkov.

2007 Pořádá spolu se svými kolegy z VŠUP Lucií Mlynářovou a Michalem Hladíkem výstavu svým studentům v prostorách pražské Výstavní síně Mánes.

2008–09 Pracuje opět ve svobodném povolání, žije v Olešku u Prahy. Okrajově se zabývá užitou fotografií, společně s grafikem a fotografem Robertem V. Novákem realizuje divadelní plakáty. Téměř výhradně se však věnuje volné fotografii.

Solo exhibitions / Samostatné výstavy

1990 *Ivan Pinkava – Fotografien*, Fotogalerie in der Brotfabrik, Berlin
1992 *Dynastie*, Pražský dům fotografie, Praha
1992 *Ivan Pinkava*, Hippolyte Gallery, Helsinki
1995 *Portréty*, Galerie Pallas, Praha
1995 *Memento mori*, Galerie Rudolfinum, Praha (společný projekt s Václavem Jiráskem a Robertem Novákem, další reprízy v Mexiku)
1996 Produzentengalerie Passau, Passau
1996 *Ecce homo*, Galeria Pusta, Katowice
1996 *Ivan Pinkava*, Galerie Vrais Rêves, Lyon (společně s Václavem Jiráskem a Vladimírem Židlickým)
1996 *Ivan Pinkava*, Galerie G4, Cheb
1996 *Portraits*, Frederiks Bastion Gallery, København
1997–98 *Ivan Pinkava*, Centro de la Imagen, Palatio Bellas Artes, Mexico
1998 *Kain a Ábel*, Galerie JNJ, Praha
1999 *Cain and Abel*, Galerie Allan, Wien
1999 *Kain und Abel*, Tschechisches Zentrum, Berlin
1999 *Ivan Pinkava*, Month of Photography, Bratislava
2001 *Theatre of Lost Souls*, Mesaros Galleries, Morgantown
2001 *Adam a Eva*, Galerie Fiducia, Ostrava
2002 *TNF*, Ateliér Josefa Sudka, Fotograf v zahradě, Praha
2004 *Heroes – Ivan Pinkava*, Galerie Rudolfinum, Praha
2006 *Heroes – choice*, „Manesh“ Central Exhibition Hall, Moskva
2006 *Ivan Pinkava, David Moješčík*, Galerie Ars, Brno
2007 *Salome*, The South Gardens of Prague Castle, Prague
2008 Cafe Club 102, Łódź
2009 *Silence, Silence, Dream and Three Mattresses*, Vernon International & In Stage, Padua
2009 *Znejistění středu*, Galerie 5. patro, Praha

Selected Group Exhibitions / Skupinové výstavy (výběr)

1988 *Vize*, Moravská galerie, Brno
1988 *„11“*, Galerie Fotochema, Praha
1989 *37 fotografů na Chmelnici*, Junior klub, Praha
1989 *Contemporary Czech Photography*, Nieuwe Kerk, Foto 89, Amsterdam
1990 *Choice*, FotoFest, Houston
1990 *Tschechoslowakische Photographie der Gegenwart*, Museum Ludwig, Köln
1990 *La Tchècoslovaquie à Arles*, Palais de l'Archevêché, Arles
1990 *Vision de l'homme*, Galerie Municipale du Château d'Eau, Toulouse
1991 *Plastic Photography*, Rijksmuseum Twenthe, Foto Biennale Enschede
1991 *European Photography Award 1991*, Berlin
1992 *Photographes européens forts de leur Histoire*, Salle des Fêtes, Arles
1992 *Bratrstvo, Gabina, Ivan Pinkava*, Fotogalerie Wien, Wien
1993 *Fotofeis*, MacLaurin Art Gallery, Ayr; EBRD, London; Lisboa, Porto, Salamanca etc.
1993 *Presences*, Bill Brandt Room, The Photographers' Gallery, London
1994 *V ostrém světle*, Pražský dům fotografie, Praha
1995 *Portrait II*, Fotogalerie Wien, Wien
1996 *Soudobá fotografie NOX 1996*, National Gallery, Palác Kinských, Praha; Brno
1995 *NOX*, Museum Landau, Landau
1996 *Facing the End of the Century, Five Czech Photographers*, Taitemia Gallery, Kuopio; Tallin, Panevežys, Šiauliai, Pécs, Den Haag, Cottbus, Poprad
1996 *Jistoty a hledání v české fotografii 90. let*, Nejvyšší purkrabství Pražského hradu, Praha; Berlin, Bratislava, Chicago Cultural Center, Chicago
1996 *The Body in Contemporary Czech Photography*, Mackintosh Gallery, The Glasgow School of Art, Glasgow; Braga, London
1998 *Tělo a fotografie*, Salmovský palác, Praha
1999 *Czech Photography in the 20th Century*, The Eli Lemberger Museum of Photography at Tel-Hai Industrial Park
1999 *Czech Photography of the 1990's*, Chicago Cultural Center, Chicago
1999 *Czech and Slovak Photography*, Czech Center, New York
2000 Gallery Replica, Stockholm
2000 *Portrait*, New Gallery, Houston
2000 *Akt v české fotografii*, Císařská konírna Pražského hradu, Praha; Muzeum umění Olomouc, Olomouc
2001 *Czech Photography*, Benham Gallery, Seattle
2001 *goEurope: The Kaleidoscopic Eye*, Kunsthalle des Artmax, Braunschweig
2001 *Vintage & Contemporary Czech Photography*, S. K. Josefsberg Studio, Portland
2002 *Česká a slovenská fotografie osmdesátých a devadesátých let 20. století*, Muzeum umění Olomouc, Olomouc
2003 *Naked before God*,The Museum of New Art, Pärnu

2004 *Il Nudo, Fra Ideale e Realità*, Galleria d'Arte Moderna, Bologna
2004 *Gods Becoming Men*, Frissiras Museum, Athens
2006 *Sigmund Freud, Život–sen*, Staroměstská radnice, Praha
2006 *Closed Eyes*, Museet for Fotokunst, Odense
2007 *My Favorites*, Seine 51, Paris
2008 *Nový urbanismus*, Seine 51, Paris
2008–09 *The Third Side of the Wall*, Moravská galerie, Brno
2009 *Tschechische Fotografie des 20. Jahrhunderts*, Kunst- und Ausstellungshalle der Bundesrepublik Deutschland, Bonn
2009–10 *Černobílé Zlaté město 09*, Topičův salon, Praha

Represented in Galleries / Zastoupení v sbírkách

Bibliothèque nationale de France, Paris
Gernsheim Collection, Austin
Kinsey Institute, Bloomington
Maison Européenne de la Photographie, Paris
Moravská galerie, Brno
Musée de l'Elysée, Lausanne
Museum of Fine Arts, Houston
Museum of Photographic Arts, San Diego
Muzeum umění Olomouc, Olomouc
Sbírka skupiny PPF, Praha
Victoria and Albert Museum, London

Bibliography / Literatura

Books and catalogues (a selection) / Knihy a katalogy (výběr)

Tanaka, Min: *Moře pod kůží / The Sea Inside the Skin*, foto J. Krejčí & I. Pinkava, Praha, Torst 1992

Schmalriede, Manfred & Schmalriede, Silke (ed.): *2. Internationale Foto-Triennale Esslingen 1992*, Stuttgart, Cantz 1992

Kroutvor, Josef: *Dynastie – Ivan Pinkava*, Praha, ERM 1994

Nedoma, Petr & Horyna, Mojmír: *Memento mori: fotografie, Václav Jirásek, Robert V. Novák, Ivan Pinkava*, Praha, Galerie Rudolfinum 1995

Birgus, Vladimír & Vojtěchovský, Miroslav: *Jistoty a hledání v české fotografii 90. let*, Praha, Kant 1997; *Czech Photography of the 1990's: Certainty and Searching*, Praha, Kant 1998

Chlíbec, Bohdan & Horyna, Mojmír: *Memento mori* (Fotografie V. Jirásek, R. Novák, I. Pinkava), Praha, Torst 1998

Birgus, Vladimír: *Česká fotografie 90. let*, Praha, Kant 1999

Luciana, James: *Black and White Photography*, Gloucester, Rockport Publishers, Inc. 2000

Birgus, Vladimír & Mlčoch, Jan: *Akt v české fotografii*, Praha, Kant 2000; *The Nude in Czech Photography*, Praha, Kant 2000

Olson, Kristin & Krainak, Paul & Moucha, Josef: *Ivan Pinkava. Theatre of Lost Souls*, Morgantown, Mesaros Galleries, West Virginia University 2001

Rišlinková, Helena & Lendelová, Lucia & Pospěch, Tomáš: *Česká a slovenská fotografie 80. a 90. let 20. století*, Olomouc, Muzeum umění Olomouc 2002

Koetzle, Hans-Michael: *Das Lexikon der Fotografen 1900 bis heute*, München, Knaur 2002

Jirousová, Věra: *Na prahu příběhu / On the Threshold of a Story*, in: *Ivan Pinkava TNF*, Praha, Fotograf v zahradě, Ateliér Josefa Sudka 2002

Vlachová, Kristina & Meisnerová-Wismerová, Zuzana & Majer, Jiří: *Političtí vězni 50. let / Political Prisoners in the Fifties*, translation Derek Paton, Praha, Nadace Galerie Langhans 2003

Ardenne, Paul & Nora, Élisabeth: *Portraiturés. „Be kind to me“*, Paris, Editions du Regard 2003

Weiermair, Peter (ed.): *Il Nudo, Fra Ideale e Realita. Una storia dal Neoclassicismo ad oggi*, Bologna, Galleria d'Arte Moderna 2004

Lucie-Smith, Edward: *Gods Becoming Men*, Athens, Frissiras Museum 2004

Putna, Martin C.: *Heroes – Ivan Pinkava*, Praha, Kant 2004

Slavická, Milena: *Ivan Pinkava* (heslo), in: Sviblova, Olga: *Sixième Mois International de la Photographie à Moscou „Photobiennale 2006“*, Moskva, ZAO „Almaz–Press“ 2006

Birgus, Vladimír & Mlčoch, Jan, *Tschechische Fotografie des 20. Jahrhunderts*, Praha, Kant 2009

Articles / Články

Caujolle, Christian: Fictions littéraires pour une famille révée, *Clichés*, 1990 (Bruxelles), No. 64
Stiwer, Pierre & di Felice, Paul: Noire Mélancolie, *Café-Crème*, 1990 (Luxembourg), No. 14
Pinkava, Ivan & Balajka, Petr: *Edice RF*, 1991 (Praha), No. 1
Pinkava, Ivan: Portfolios, *European Photography*, 1992 (Göttingen), No. 49, s. 14–17
Martikainen, Aino: Dynastia, *Valokuva*, 1992 (Helsinki), No. 7
Brudna, Denis: Ivan Pinkava / Portraits, *Photonews*, 1994 (Hamburg), No. 2
Chuchma, Josef: Důsledné paradoxy Ivana Pinkavy, *Mladý svět* 36, 1994, č. 16, s. 60–61
Birgus, Vladimír: Ivan Pinkava: Dynastie, *European Photography*, 1994 (Göttingen), No. 56 , s. 63–65
Chuchma, Josef: Velmi zvláštní autoportréty, *MF Dnes* 5, 1994, č. 114, s. 11
Birgus, Vladimír: Dynastie Ivana Pinkavy, *Ateliér* 7, 1994, č. 20, s. 7
Jirousová, Věra: Memento mori v Rudolfinu, *Lidové noviny* 8, 1995, č. 257, s. 11
Janata, Michal: Spes et Vanitas – Naděje a zmar, *Ateliér* 8, 1995, č. 26, s. 7
Mrázková, Daniela: Contemporary Czech Photography, *Photographers International*, 1996 (Taipei, Taiwan), No. 27, s. 54–61
Morten: Kostnice. Václav Jirásek, Robert V. Novák, Ivan Pinkava, *Živel* 1, 1996, č. 2, s. 102–107
Jirousová, Věra: Mladí, nazí, zranění a v extázi, *Lidové noviny* 9, 1996, č. 155, s. 10
Slavická, Milena: Kain a Ábel, *Ateliér* 11, 1998, č. 16–17, s. 7
Vangeli, Nina: Fotograf Pinkava pracuje s magií rodové příbuznosti, *Lidové noviny* 11, 1998, č. 148, s. 12
Roalf, Peggy (ed.): Crossing Borders: Contemporary Czech and Slovak Photography, *Aperture Foundation*, 1998 (New York), No. 152
Balčus, Arnis: Ivana Pinkavas dinastija, *LMM* , 1998 (Riga), 4. 6.–11. 6.
Pinkava, Ivan: Portréty, *Nový IN* 4, 2000, č. 10, s. 44, 46–47
Pinkava Ivan: Fotím svůj vlastní stín, *Advanced Foto Video*, 2000 (Praha), č. 1
Moucha, Josef: Ivan Pinkava, *Imago*, 2001, No. 12 (Summer), s. 22–29
Dvořák, Tomáš: Ivan Pinkava (Rozhovor Tomáše Dvořáka s Ivanem Pinkavou), *Fotograf*, 2002, č. 1, s. 66–77
Jirousová, Věra: Na prahu příběhu, *Literární noviny* 13, 2002, č. 22, s. 13
Dvořák, Tomáš: Václav Jirásek a Ivan Pinkava, *Literární noviny* 13, 2002, č. 22, s. 13
Vangeli, Nina: Tanečnice Salome Ivana Pinkavy, *Taneční zóna* 7, 2003, č. 3–4, s. 40–43
Putna, Martin C.: Ivan Pinkava, *Foto video*, 2004, č. 6, s. 30–37
Koťová, Magdalena: Hrdinové Ivana Pinkavy, *Art & Antiques*, 2004 / 06 (červen), s. 92
Jirousová, Věra: Pinkavovy iniciační fotografické obrazy, *Art & Antiques*, 2004/ 07–08 (červenec / srpen), s. 128–129
Slavická, Milena: Ivan Pinkava, *Fotograf*, 2004, č. 4, s. 112–113
Pinkava, Ivan: Heroes, *Biuletyn Fotograficzny*, 2004 (Krakow), No. 7/8
Chuchma, Josef: Hodina pravdy Ivana Pinkavy: Pražský fotograf bilancuje dvacetiletou cestu do hlubin vlastní duše, *Respekt* 15, 2004, č. 28, s. 22

Pospiszyl, Tomáš: Černobílá dekadence. Fotografický svět Ivana Pinkavy po dvaceti letech, *Týden* 11, 2004, č. 23, s. 96
Lendelová, Lucia: Svätý, svätý, svätý... (rozhovor), *Profil*, 2004 (Bratislava), No. 3
Vasdeki, Ioanna: Ivan Pinkava (rozhovor), *Highlight*, 2005, April, s. 196–203
Monthly Photographer (rozhovor s I. P.), 2006 (Republic of Korea), vol. 456, s. 66–73
Firsova, Elena: rozhovor s I. P., *Foto & Video*, 2006 (Moskva), No. 7
Rous, Jan: Bohové ve velkých formátech, *Ateliér* 20, 2007, č. 16–17, s. 5
Pinkava, Ivan: Portfolio, *„dienacht" Magazin*, 2007 (Heidersbach), No. 1
Kačmar, Oles: Ivan Pinkava (rozhovor), *Dfoto*, 2008, No. 12, s. 62–69
Klevisová, Naďa: Fotograf nad propastí (rozhovor), *Hospodářské noviny, příloha Víkend*, 2009, 7. 8.

List of Published Photographs

p. 2 portrait of Ivan Pinkava by Martin Glaser, 2009
1 Revelation, 2009
2 Portrait for Sylvia Plath, 1986
3 Portrait for Vladimir Mayakovsky, 1986
4 Vanitas, 1995
5 David, 1992
6 Martina Kudlacek, 1992
7 No title, 1989
8 Son, 1990
9 Persona, 1993
10 From the *Dynasty* series, 1991
11 O Sweet Blood! 1995
12 No title, 1993
13 Head of a Young Man, 1993
14 Bodily Wounds, 1993
15 With His Own Knife, 1995
16 O Sweet Blood!, 1995
17 Eve, 1994
18 Adam, 1994
19 Radouane Hadj Moussa, 1994
20 Vanitas, 1995
21 Zora, 1995
22 Brother and Sister, 1996
23 Boy with Sunflower, 1997
24 The Annunciation, 1998
25 Pietà, 1997
26 Tomáš and David Medek, 2000
27 The Lamb of God, the End of Time..., 1996
28 Little Charon, 1996
29 Adult Charon, 1997
30 Advocatus Diaboli, 1999
31 No title, 1997
32 Ecco, la Luce!, 1996
33 His First Sip, 1995
34 Abel and Cain, 1998
35 J. H. Krchovský, remains, 2003
36 Narcissus, 1997
37 They Shall Look on Him Whom They Pierced, 1997
38 Salome, 1996
39 Vera icon, 1996

40 Scar, 1999
41 Chair, 2001
42 Memento mori II, 2001
43 From the *Teatr Novogo Fronta* series, No. 7, 2000
44 From the *Teatr Novogo Fronta* series, No. 5, 2000
45 Torso, 2000
46 No title, 2002
47 Sebastian, 2002
48 No title, 2008
49 Valpinçon, 2004
50 Egg and Wax, 2002
51 Sheep, 2003
52 Great Banquet, 2003
53 Vanitas, 2003
54 Orange, 2004
55 Spiritual Exercises II, 2003
56 Spiritual Exercises III, 2003
57 Tristan, 2001
58 Chair, 2004
59 In Memory of Edward Weston, 2003
60 Three Mattresses, 2008
61 Weihnachtsoratorium, 2008
62 No title, 2007
63 No title, 2004
64 No title, 2008
65 Atsushi, 2005
66 Bed I, 2008
67 Bed II, 2008
68 No title, 2008
69 No title, 2005
70 No title, 2009
71 Foucault's Pendulum, 2009
72 Foucault's Pendulum, central panel, 2009
73 No title, 2008
74 Diis Manibus!, 2009
75 No title, 2008
76 Gravity, 2009
77 Throne, 2009
78 Shoes for Joseph Beuys, 2007
79 Vanitas, 2008
80 No title, 2008
81 The Other Side, 2009

Soupis publikovaných fotografií

s. 2 portrét Ivana Pinkavy od Martina Glasera, 2009
1 Zření, 2009
2 Portrét pro Sylvii Plathovou, 1986
3 Portrét pro Vladimira Majakovského, 1986
4 Vanitas, 1995
5 David, 1992
6 Martina Kudlacek, 1992
7 Bez názvu, 1989
8 Syn, 1990
9 Persona, 1993
10 Z cyklu Dynastie, 1991
11 Ó sladká krvi!, 1995
12 Bez názvu, 1993
13 Hlava mladého muže, 1993
14 Rány těla, 1993
15 Se svým nožem, 1995
16 Ó sladká krvi!, 1995
17 Eva, 1994
18 Adam, 1994
19 Radouane Hadj Moussa, 1994
20 Vanitas, 1995
21 Zora, 1995
22 Bratr a sestra, 1996
23 Chlapec se slunečnicí, 1997
24 Zvěstování, 1998
25 Pietà, 1997
26 Tomáš a David Medkovi, 2000
27 Beránek Boží, konec věků…, 1996
28 Malý Charón, 1996
29 Velký Charón, 1997
30 Advocatus Diaboli, 1999
31 Bez názvu, 1997
32 Ecco, la Luce!, 1996
33 Jeho první víno, 1995
34 Ábel a Kain, 1998
35 J. H. Krchovský, ostatky, 2003
36 Narcis, 1997
37 A potom poznají, koho probodli…, 1997
38 Salome, 1996
39 Veraikon, 1996

40 Jizva, 1999
41 Židle, 2001
42 Memento mori II, 2001
43 Z cyklu Teatr Novogo Fronta, č. 7, 2000
44 Z cyklu Teatr Novogo Fronta, č. 5, 2000
45 Torzo, 2000
46 Bez názvu, 2002
47 Šebestián, 2002
48 Bez názvu, 2008
49 Valpinçon, 2004
50 Vejce a vosk, 2002
51 Ovce, 2003
52 Velká hostina, 2003
53 Vanitas, 2003
54 Pomeranč, 2004
55 Exercicie II, 2003
56 Exercicie III, 2003
57 Tristan, 2001
58 Křeslo, 2004
59 Vzpomínka na Edwarda Westona, 2003
60 Tři matrace, 2008
61 Weihnachtsoratorium, 2008
62 Bez názvu, 2007
63 Bez názvu, 2004
64 Bez názvu, 2008
65 Atsushi, 2005
66 Lůžko I, 2008
67 Lůžko II, 2008
68 Bez názvu, 2008
69 Bez názvu, 2005
70 Bez názvu, 2009
71 Foucaultovo kyvadlo, 2009
72 Foucaultovo kyvadlo, střední část, 2009
73 Bez názvu, 2008
74 Diis Manibus!, 2009
75 Bez názvu, 2008
76 Přitažlivost, 2009
77 Trůn, 2009
78 Boty pro Josepha Beuyse, 2007
79 Vanitas, 2008
80 Bez názvu, 2008
81 Druhý břeh, 2009

Ivan Pinkava

by Petr Vaňous
Photograph selection by Ivan Pinkava
Translation: Derek Paton
Graphic concept: Studio Najbrt, Prague
Graphic design: Aleš Najbrt & Klára Hájková, Studio Najbrt
Lithography: Art D, Prague
Printed by Trico, Prague
Copy editors: Jan Šulc & Derek Paton
Published by TORST
Address: Opatovická 24, Prague 1
CZ-110 00, Czech Republic
foto@torst.cz
First edition, 2009

www.ivanpinkava.com

Also available through D. A. P./Distributed Art Publishers
155 Sixth Avenue, 2nd Floor, New York, N.Y. 10013, USA
Tel: ++1 (212) 627-1999 Fax: ++1 (212) 627-9484